La déontologie de l'avocat

Connaissance du droit

collection fondée par

Jean-Luc Aubert
agrégé des Facultés de droit

dirigée par

Philippe Jestaz
professeur émérite de l'Université Paris Val-de-Marne (Paris XII)

La déontologie de l'avocat

10e édition
2017

Jean-Jacques Taisne
professeur agrégé des Facultés de droit
directeur de l'Institut d'études judiciaires de Lille
doyen honoraire de la Faculté de droit de Valenciennes
ancien bâtonnier du barreau de Cambrai

DALLOZ

DALLOZ

31-35, rue Froidevaux, 75685 Paris cedex 14

ISBN 978-2-247-16924-5

À la mémoire du Bâtonnier Jean-Marie Taisne,

Avant-propos

Présentant l'un de ses films, Sacha Guitry le qualifiait ainsi : « Un nouveau film qui, j'espère, sera un film nouveau ». La loi du 31 décembre 1990 fusionnant la profession d'avocat et celle de conseil juridique a institué une « nouvelle profession » ; le texte n'a pas dit une « profession nouvelle ». La remarque, selon nous, mérite d'être faite, alors que la nouvelle profession a suscité un débat entre partisans d'un rajeunissement de la tradition des barreaux français et partisans d'une rupture. Brocardant les adeptes d'une modernité excessive, un avocat suggérait – mais pour susciter une salutaire réaction négative – de remplacer les nombreux articles des règlements intérieurs par une disposition unique : « Tous les coups sont permis ! »

Nous ne doutons pas que la loi du 31 décembre 1990 a entendu conserver, sous la réserve des adaptations nécessaires, ce qui constituait antérieurement l'éthique de la profession d'avocat. Même si le législateur n'a pas eu à l'esprit les formules subtiles de Guitry, il est significatif que son texte, loin d'évincer la précédente loi du 31 décembre 1971, l'ait seulement modifiée, en sorte qu'elle demeure toujours à ce jour la charte de l'avocat français.

Introduction

L'avocat, au seuil de sa carrière, jure d'exercer ses fonctions « avec dignité, conscience, indépendance, probité et humanité ». L'avocat ne doit donc pas seulement respecter des règles techniques ; il doit aussi et avant tout respecter une éthique et c'est faire fi de son serment que de vouloir lui imposer – à l'exemple d'un regrettable avant-projet de décret fin 2001 – de promettre par écrit à son client qu'il lui apportera une prestation de qualité. La « qualité » est pour l'avocat une promesse permanente, dictée par son état, et l'enseignement de la déontologie au sein des centres de formation professionnelle a notamment pour mission de le rappeler.

Discours sur les devoirs, la déontologie conduit l'avocat à comprendre que sa profession ne peut susciter la confiance que s'il cultive les vertus de son serment. Comme l'exprime le code européen de déontologie : « L'indépendance de l'avocat est aussi nécessaire pour la confiance en la Justice que l'impartialité du juge… Cette indépendance est nécessaire pour l'activité juridique comme judiciaire. Le conseil donné au client par l'avocat n'a aucune valeur réelle, s'il n'a été donné que par complaisance, par intérêt personnel ou sous l'effet d'une pression extérieure. » La démonstration peut se poursuivre pour chacune des vertus cardinales précitées. Quelle confiance l'avocat susciterait-il si on le savait servile, rapace, négligent, inconscient, malveillant ? Défenseur des droits et libertés des personnes, l'avocat doit accomplir ses fonctions avec une parfaite intégrité morale et, comme s'en exprime toujours la même source, « ne pas négliger le respect de la déontologie pour plaire à son client, au juge ou à des tiers ».

Le programme officiel d'enseignement de la déontologie inclut pour l'élève avocat le statut et les règles professionnelles, la discipline et la responsabilité, enfin l'organisation de la profession (arrêté du 7 déc. 2005). Cette approche élargie ne saurait surprendre, car elle permet par sa globalité de dégager les raisons pour lesquelles l'attachement du barreau à ses règles éthiques doit être défendu et préservé.

Entre 1971 et 1990, la profession d'avocat a connu deux réformes importantes. Assurant ce que l'on a appelé « la petite fusion », la loi du 31 décembre 1971, entrée en application le 16 septembre 1972, a réuni les professions antérieures d'avocat, d'avoué près un tribunal de grande instance et d'agréé près un tribunal de commerce. Assurant « la grande fusion », la loi du 31 décembre 1990, entrée en application le 1er janvier 1992, a réuni les professions d'avocat et de conseil juridique. Des avocats encore en activité peuvent donc, à l'image de la coutume de Bretagne, avoir connu la *très ancienne*, l'*ancienne* et la *nouvelle* profession.

Ces changements survenus ont permis une légitime évolution des règles professionnelles : l'avocat par exemple a pu recevoir le droit de se déplacer chez ses clients, alors que la tradition imposait de les recevoir en son cabinet exclusivement. Mais ils ont rendu encore plus nécessaire un renforcement de la déontologie :

– l'avocat qui était cigale est devenu fourmi : fourmi en 1971 lorsque la loi l'a investi des responsabilités de la postulation jusque-là dévolues aux avoués de première instance ; fourmi en 1992 lorsque la loi l'a invité à œuvrer hors du palais comme conseil et comme rédacteur d'actes, tâches largement délaissées jusque-là aux conseils juridiques. Ces nouveaux champs d'activité ont généré des risques nouveaux, appelant des précautions nouvelles, et ce n'est sûrement pas la suppression des avoués d'appel en 2012 investissant les avocats d'une nouvelle responsabilité : la postulation devant la cour d'appel, qui diminue ces risques ;

– l'avocat qui exerçait seul exerce de plus en plus en groupe ; certaines structures sociétaires peuvent même faire appel à des associés extérieurs à la profession. L'exercice indépendant, longtemps caractéristique obligée de la profession, est quant à lui concurrencé par un exercice subordonné pouvant aller jusqu'au salariat. Cette diversification des modes d'exercice a nécessairement cassé la composition du barreau. Jusqu'en 1971 et même encore jusqu'en 1991, celui-ci était un « club », au sens britannique du terme ; ayant reçu la même formation, pratiquant les mêmes activités, parlant la même langue, ses membres se reconnaissaient aisément. Le barreau moderne n'a plus la même unité et seule une déontologie rigoureuse peut sauvegarder sa cohésion ;

– les fusions successives se sont également accompagnées de dispositions dérogatoires et/ou transitoires faisant entrer au barreau des professionnels qui lui étaient étrangers ; dans les cas les plus extrêmes, le jeu des équivalences et des dispenses a introduit au barreau des avocats improvisés, sans diplôme juridique, totalement ignorants des activités d'un palais et plus encore des usages de leur nouvelle profession. C'est leur rendre service que d'affirmer des règles déontologiques précises et de prévoir les contrôles nécessaires. Il n'est que de songer à une éventuelle fusion avec les juristes d'entreprises ou les conseils en propriété intellectuelle, pour en comprendre le besoin. Un examen de déontologie a opportunément été instauré en 2012 pour les candidats au barreau par voie latérale.

Mais la difficulté porte moins de nos jours sur le renforcement de la déontologie que sur la délimitation des compétences respectives de la profession et des pouvoirs publics. Naguère encore la profession possédait une certaine marge d'autonomie : c'est elle ainsi par exemple qui, avant même le décret du 5 juillet 1996, a imposé le système des CARPA. Aujourd'hui cette autonomie n'est plus de mise. Le Conseil d'État répète dans ses arrêts que « la fixation de règles de déontologie revêtant un caractère impératif pour l'ensemble de la profession d'avocat relève de la compétence du gouvernement ». Le Conseil national des barreaux lui-même a suggéré en 2004 à la chancellerie l'élaboration par décret d'un code de déontologie qui fixerait les règles touchant à l'intérêt général et à la protection des justiciables et des usagers du droit, tandis que de son côté la profession fixerait les règles de fonctionnement interne, ne pouvant faire grief aux personnes qui ne sont pas membres d'un barreau. Cette distinction n'était pas tenable et la suggestion a conduit au décret du 12 juillet 2005 « relatif aux règles de déontologie de la profession d'avocat », lequel touche tant aux devoirs envers les clients ou la partie adverse qu'à ceux envers les confrères. Il reste au moins à la profession, dans le cadre réglementaire ainsi fixé, à contrôler ses ouailles et sanctionner ses brebis égarées.

Dans la ligne de l'arrêté du 7 décembre 2005 et afin de rendre prioritairement service aux élèves avocats qui préparent les épreuves du CAPA, nous nous intéresserons successivement aux sources de la déontologie de l'avocat (titre I), à ceux qui lui sont précisément assujettis (titre II), aux obligations qu'elle édicte (titre III), enfin aux sanctions qui menacent ceux qui s'en écartent (titre IV).

Les développements resteront brefs par nécessité pour rester dans le cadre de la présente collection. Pour ceux qui souhaitent approfondir, nous donnons ci-dessous la bibliographie indispensable.

Par souci de concision, les articles de la loi du 31 décembre 1971 seront simplement cités : « art. L… » et ceux du décret d'application du 27 novembre 1991 : « art. D… ».

Lire aussi

- Beignier et Villacèque (sous la dir. de), *Droit et déontologie de la profession d'avocat*, LGDJ, Gazette du Palais, 2ᵉ éd. 2016
- Damien et Ader, *Règles de la profession d'avocat*, Dalloz Action, 15ᵉ éd., 2016
- Martin, J.-Cl. Pr. civ., fasc. 83-1 s., et *Déontologie de l'avocat*, Litec, 12ᵉ éd. par Caron et Diemunsch, 2017
- Monèger et Demeester, *Profession : avocat*, Dalloz, 2001
- Taisne, v° avocat, in *Rép. pr. civ.*, Dalloz, 2005
- Woog (J.-C. et S.), Sari et Goudineau, *Pratique professionnelle de l'avocat*, Litec, 4ᵉ éd., 2001
- « La profession d'avocat après la loi du 11 février 2004 », *Gaz. Pal.* 2004. 2, 2149 à 2207
- J.-L. Forget et M-A. Frison Roche (sous la dir. de), *Avocats et Ordres du XXIᵉ siècle. Ouvrage collectif de la conférence des Bâtonniers*, coll. « Thèmes & commentaires », Dalloz, 2014.

Titre 1
Les sources

L'avocat peut toujours s'imposer les devoirs particuliers que lui dicte sa conscience. Mais, comme on l'observait déjà jadis, il ne saurait ne connaître qu'elle sans égard à l'opinion, aux usages et aux règlements de l'Ordre ; des sources extérieures lui fixent les principales obligations de son état, en même temps qu'elles constituent pour lui des repères indispensables : la loi tout d'abord, comprise non au sens formel, mais matériel, c'est-à-dire incluant les textes réglementaires pris pour l'application des textes d'origine parlementaire (chap. 1) ; la profession ensuite qui, par ses règlements intérieurs et ses usages, a charge de parfaire les exigences légales (chap. 2).

Chapitre 1
La loi

Contrairement à ce que l'on peut imaginer, la réglementation européenne concerne peu la déontologie de l'avocat. Ce qu'on a coutume d'appeler le *Code de déontologie des avocats européens* est en réalité l'œuvre d'une association de droit privé, le Conseil des barreaux européens, qui l'a adopté en 1988 puis révisé à plusieurs reprises ; sa valeur n'a été longtemps qu'indicative, sauf lorsque le règlement intérieur d'un barreau lui donnait pour ses membres force obligatoire ; il est aujourd'hui intégré au règlement intérieur national (RIN) institué par le Conseil national des barreaux.

On signalera toutefois une recommandation 2000-21 du Comité des ministres du Conseil de l'Europe « sur la liberté d'exercice de la profession d'avocat ». S'y trouvent notamment proclamées des exigences d'indépendance, de diligence, d'équité, de respect du secret professionnel, de disponibilité aux personnes économiquement faibles, de moralité de haut niveau…, en contrepartie desquelles les États sont invités à préserver et promouvoir la liberté d'exercice de la profession.

S'agissant de l'Union européenne, hormis les directives relatives à la lutte contre le blanchiment de capitaux et la directive « services » dont le champ d'application est plus général, les directives propres à la profession se contentent plutôt de trancher les conflits de réglementations en précisant si l'avocat reste soumis à la déontologie de son État d'origine ou passe, en tout ou partie, sous l'empire de la réglementation de l'État d'accueil. C'est donc essentiellement vers les normes nationales qu'il convient de se tourner.

Sur le plan français, la profession d'avocat est actuellement réglementée par la loi du 31 décembre 1971 et le décret du 27 novembre 1991, l'une et l'autre plusieurs fois modifiés, le tout sans préjudice du décret « déontologie » du 12 juillet 2005 et de textes particuliers concernant notamment les sociétés d'avocats. Ces dispositions sont largement techniques, comme beaucoup d'autres intéressant l'avocat et glissées dans les divers textes de procédure. Mais elles véhiculent, liminairement ou cursivement, un message éthique qui s'inscrit tout en entier dans le serment imposé à l'avocat. L'existence de ce serment est révélatrice de l'ambiguïté des relations qui existent entre les pouvoirs publics et l'avocat. D'un côté en effet le serment est marque de défiance : l'avocat doit être pris au piège d'une promesse solennelle qui le liera irrévocablement. Mais d'un autre côté il est aussi marque de confiance : ferait-on prêter serment à l'avocat si on ne le jugeait foncièrement apte à respecter son engagement ? C'est en vérité un portrait singulièrement flatteur que les textes donnent de l'avocat, mais parce que les ambitions du législateur sont élevées (section 1), les précautions qu'il édicte sont aussi singulièrement très fortes (section 2).

Section 1
Les ambitions du législateur

La lecture des textes convainc rapidement de la haute idée que le législateur se fait de la profession d'avocat. Pour lui, celle-ci se caractérise par une manière d'agir (I) et par une manière d'être (II).

I – Une manière d'agir

C'est la formule du serment qui résume le mieux les qualités attendues de l'avocat : celui-ci jure d'exercer sa profession avec « *dignité, conscience, indépendance, probité et humanité* » (art. L. 3). D'autres textes font référence à son *honneur* (art. D. 183) et à sa *délicatesse* (art. D. 113 et D. 183) et le conseil de l'ordre doit veiller pour sa part à la sauvegarde des principes de *probité, désintéressement, modération et confraternité* qui caractérisent la profession (art. L. 17).

Le barreau recueille avec fierté le message légal et l'amplifie : aux qualités précitées, le règlement intérieur national ajoute comme formant avec elles les « principes essentiels de la profession » : la *loyauté*, la *délicatesse*, la *courtoisie* et, envers les clients, la *compétence*, le *dévouement*, la *diligence* et la *prudence*.

Les textes définissent peu les vertus ainsi attendues de l'avocat. C'est plus par accumulation de qualités qu'ils tentent de faire passer le message éthique. Comme l'exprimait Raymond Martin, « la résonance des valeurs affirmées sous serment est plus morale que juridique ». Mais ici ou là des précisions sont néanmoins apportées. Ainsi le décret renvoie à la dignité de la profession lorsqu'il évoque la publicité mise en œuvre par l'avocat pour la nécessaire information du public ; il renvoie à son indépendance lorsqu'il édicte des incompatibilités.

La jurisprudence de son côté apporte sa propre pierre ; elle permet par exemple de mieux cerner la notion de conscience professionnelle lorsqu'elle souligne le sérieux dont doit faire preuve l'avocat dans l'accomplissement de son devoir de conseil ou de son devoir de prudence. Elle concrétise l'exigence de modération lorsqu'elle exige de l'avocat qu'il se garde de tout excès dans le ton et la forme de l'expression ainsi que dans son comportement général, même si par exemple il réclame un paiement d'honoraires qui tarde sérieusement à venir.

Des cinq vertus cardinales promises par le serment, il en est une en effet plus lourde de sens que toutes les autres : l'humanité. C'est elle qui oblige l'avocat à être présent au quotidien auprès d'hommes et de femmes qui souffrent dans leurs sentiments ou leurs intérêts, parce qu'ils vivent leur procès comme une épreuve, le signe d'un échec ou la source d'une angoisse. C'est elle encore qui depuis la loi du 8 janvier 1993 place l'avocat auprès du mineur qui, souhaitant être entendu par le juge dans un conflit « le concernant » et alors qu'il n'est pas partie à la procédure (art. 338-1 C. pr. civ.), désire auprès de lui une présence rassurante, équilibrant la majesté du juge. C'est elle qui dans les cas les plus graves oblige l'avocat à défendre avec tout son soin et toute sa conscience celui qui moralement, même pour lui, est parfaitement répréhensible. Avec cette exigence d'humanité on touche une dimension plus profonde encore du message légal : la profession d'avocat n'est pas seulement un métier ; c'est avant tout un état.

II – Une manière d'être

Au-delà d'une certaine manière d'agir, c'est bien d'une certaine manière d'être qu'il est question. Comme le précise le bâtonnier Damien, l'avocat « exerce un ministère, une mission et non un métier ». Il est, si l'on ose la comparaison, avocat comme d'autres sont prêtres, par vocation et esprit de service ; jadis d'ailleurs l'avocat menait l'existence des clercs.

De cette permanence de l'état, l'article D. 183 rend bien compte : l'avocat répond disciplinairement de « tout manquement à la probité, à l'honneur ou à la délicatesse, *même se rapportant à des faits extraprofessionnels* ».

Certains ont pensé qu'une qualité pouvait à elle seule résumer toutes celles énumérées au paragraphe précédent : l'honnêteté, au sens moral le plus fort, celui qui implique l'accomplissement de ses devoirs, non pour éviter des sanctions ou par crainte de l'opinion, mais par exigence personnelle. Ainsi comprise, l'honnêteté ne se divise pas. L'avocat reste avocat, où qu'il se trouve et quoi qu'il fasse.

C'est avec regret que ce message légal est trop souvent gommé de nos jours par des textes qui ravalent l'avocat au rôle de banal agent économique, prestataire d'un service quelconque qu'il doit « facturer » comme tout autre producteur ou prestataire et, autant que possible, sans omettre la TVA. Sans doute s'agit-il là au plan interne de textes émanant davantage du ministère de l'Économie et des Finances que du ministère de la Justice. Mais le pli est pris et par les avocats eux-mêmes, contraints de réagir en chefs d'entreprise, comme l'illustre depuis quelques années la course des cabinets importants à l'obtention de la certification assurance qualité ISO. On ne s'étonnera donc point que dans les accords du GATT l'avocat soit seulement tenu pour dispensateur de *business services.* Cette évolution ne change néanmoins en rien les exigences éthiques du législateur, à preuve les précautions qu'il prend pour que l'avocat réponde à ce qu'on attend de lui.

Section 2
Les précautions du législateur

Conscient de ses exigences pour l'honneur de la profession, le législateur a compris qu'il ne pouvait se contenter d'en appeler au sens moral des individus. Quitte à confesser l'affadissement des préceptes moraux élémentaires, il a préféré multiplier interventions et précautions. Dès son entrée au barreau, l'avocat prête serment (I) ; des incompatibilités le menacent (II) ; des règles légales d'exercice l'enserrent (III), tandis que plane sur lui l'ombre du parquet général (IV).

I – Le serment

L'article 31 de la loi du 22 ventôse an XII précisait le serment que les avocats ont prêté jusqu'à l'entrée en application de la loi du 31 décembre 1971. Il n'y était nullement question de préserver l'éthique professionnelle, mais seulement de ne pas troubler la paix publique. On se souvient que Bonaparte se méfiait du barreau et de ses membres auxquels il aurait volontiers coupé la langue ! Le serment était de « ne rien dire ou publier, comme défenseurs ou conseils, de contraire aux lois, aux règlements, aux bonnes mœurs, à la sûreté de l'État et à la paix publique, et de ne jamais s'écarter du respect dû aux tribunaux et aux autorités publiques ».

La loi de 1971 a préféré rappeler que la profession était « libérale et indépendante ». Le serment nouveau, remanié par la loi du 31 décembre 1990, est d'exercer les fonctions « avec *dignité, conscience, indépendance, probité* et *humanité* ». Dorénavant l'éthique l'emporte donc à juste titre sur la soumission à l'État et l'on peut regretter à cet égard que les anciens conseils juridiques, entrés dans la profession au 1er janvier 1992, aient été au prix d'une fiction dispensés de prononcer ce serment.

En tout cas dès sa prestation, effective ou réputée telle, l'avocat est lié au for externe. Tout manquement à la *probité*, à l'*honneur* ou à la *délicatesse* peut justifier une poursuite disciplinaire indépendamment de toute contravention à la loi ou aux règles professionnelles.

II – Les incompatibilités

En lien avec l'indépendance législativement affirmée de la profession, le décret du 27 novembre 1991 précise en ses articles 111 à 123 de nombreuses incompatibilités, frappant indifféremment diverses activités, fonctions ou professions. Ces incompatibilités sont de droit strict, ce qui interdit aux barreaux d'en créer d'autres non prévues par la loi.

Sont ainsi incompatibles avec la profession d'avocat :

1) toutes les activités de caractère commercial ;

2) les fonctions d'associé d'une société en nom collectif ou d'associé commandité d'une commandite ; celles de gérant d'une SARL ou d'une société civile, de président du conseil d'administration, de membre du directoire ou de directeur général d'une société anonyme. Le texte réserve toutefois la gestion d'intérêts familiaux ou l'exercice même de la profession d'avocat.

Ces incompatibilités ne font pas obstacle à la commercialisation, à titre accessoire, de biens ou de services connexes à l'exercice de la profession d'avocat si ces biens ou services sont destinés à des clients ou à d'autres membres de la profession. Mais l'avocat doit avoir informé par écrit le conseil de l'ordre de son barreau dans les trente jours suivant le début de l'activité concernée. Ledit conseil peut lui demander tous renseignements ou documents utiles et apprécier si une telle activité est compatible avec les règles de déontologie de la profession.

Sont également incompatibles avec la profession d'avocat toutes les autres professions (médecin, mandataire-liquidateur, officier ministériel...), sauf texte contraire (ex. : administrateur judiciaire, juge de proximité).

Il est à noter que la loi du 4 août 2008 permet expressément aux avocats d'être choisis comme fiduciaire (art. 2015 C. civ.), mais ils doivent dans l'exercice de cette activité utiliser un papier à lettres distinct et éviter toute confusion avec leur activité traditionnelle ; les dossiers doivent être rangés et même archivés séparément et les supports informatiques ne peuvent être mélangés (art. 6.5.4 du RIN). Plusieurs décisions du CNB permettent également à l'avocat d'autres activités, par exemple :

– être correspondant à la protection des données personnelles ; l'avocat reste tenu de respecter dans cette activité les principes essentiels et les règles du conflit d'intérêts ; il doit y mettre fin s'il estime ne pas pouvoir l'exercer et ne peut en aucun cas dénoncer son client (art. 6.3.3 du RIN) ;

– ou encore être « lobbyiste », c'est-à-dire exercer une activité de représentation d'intérêts auprès d'administrations publiques, européennes ou internationales, auquel cas il doit, le cas échéant, après en avoir informé ses clients, faire mention dans les registres de ces institutions ou administrations de leur identité et du montant des honoraires relatifs à sa mission (art. 6.3.4 du RIN).

Ainsi qu'on le verra, l'existence d'une incompatibilité est une cause obligatoire d'omission du tableau.

Les incompatibilités étant cependant de droit strict, l'article 112 permet logiquement à l'avocat d'être membre du conseil de surveillance ou simple administrateur d'une société commerciale ; s'il ne s'agit pas d'une société permettant d'exercer la profession, cette permission est néanmoins subordonnée à l'autorisation préalable du conseil de l'ordre si l'avocat a moins de sept années d'exercice ; lorsque le conseil de l'ordre ne répond pas dans les deux mois, son silence vaut refus et l'avocat peut relever appel devant la cour aux conditions ordinaires de l'article 16. Selon l'article 113, les avocats élus aux fonctions susdites dans des sociétés étrangères à l'exercice professionnel doivent, quelle que soit leur ancienneté, informer le conseil de l'ordre dans les 15 jours de leur élection et lui transmettre une copie des statuts et le cas échéant du dernier bilan. Le conseil de l'ordre dispose d'un pouvoir d'enquête et, s'il estime que l'exercice de ses fonctions est incompatible avec la dignité et la délicatesse imposées aux avocats par les règles du barreau, il peut inviter l'intéressé à se démettre de ses fonctions sans délai. Cette décision est également susceptible d'appel devant la cour aux conditions de l'article 16.

L'article 115 permet pour sa part à l'avocat de cumuler la pratique de sa profession avec :

– les fonctions d'enseignement ; c'est d'ailleurs là une règle pluriséculaire qui permet non seulement à l'avocat d'être vacataire, mais aussi, dans le respect des règles de la fonction publique, titulaire d'un poste d'enseignement ;

– les fonctions de conseiller prud'homme, de suppléant de juge d'instance ou de membre assesseur des tribunaux pour enfants, des tribunaux paritaires de baux ruraux ou des tribunaux des affaires de sécurité sociale ;

– les fonctions d'assistant parlementaire ;

– les fonctions d'arbitre, de médiateur, de conciliateur ou de séquestre.

Parce que la prêtrise n'est pas une profession, mais un état, elle est jugée de nos jours compatible avec l'appartenance au barreau, mais pour autant que le prêtre prenne l'engagement, ratifié par l'autorité hiérarchique dont il dépend, d'exercer en toute indépendance vis-à-vis d'elle sa profession d'avocat.

L'article 116 permet qu'un avocat soit chargé par l'État d'une mission temporaire, même rétribuée. Mais sauf autorisation du conseil de l'ordre, l'avocat ne doit accomplir, durant l'exécution de sa mission, aucun acte professionnel, ni directement, ni indirectement. Le conseil de l'ordre qui doit être nécessairement prévenu par l'avocat, doit d'ailleurs décider si globalement la mission est compatible avec la poursuite de l'activité professionnelle. Dans l'affirmative, l'avocat est invité à désigner un ou plusieurs suppléants qui le remplaceront ; à défaut, le choix est effectué par le bâtonnier. La suppléance ne peut excéder un an, mais est renouvelable une fois ; au-delà, il convient de passer au régime de l'administration provisoire (art. D. 171).

Échos d'un temps où la République était celle des avocats, les articles 117 à 121 visent les différents mandats électifs dont un avocat peut être investi dans le cadre de ses activités politiques. Le principe est que l'avocat demeure au barreau, mais sa capacité d'exercice se trouve limitée.

1) S'il est député, sénateur ou député européen, l'avocat ne peut :

– exercer aucun acte de sa profession, même par associé, collaborateur ou « secrétaire » interposé, à l'occasion d'affaires pénales intéressant la chose publique, la presse, le crédit ou l'épargne (sauf procès devant la Haute cour ou la Cour de justice de la République) ;

– consulter ou plaider pour une entreprise nationale ou subventionnée par l'État ou une société financière ou de promotion immobilière (v. la liste précise donnée par l'article L. org. 146 du Code électoral), sauf s'il en était déjà le conseil habituel avant son élection ;

– consulter ou plaider contre l'État ou une personne morale assimilée sauf affaire concernant un dommage causé par un véhicule de l'État ou d'une personne morale de droit public.

Pour sa part, l'avocat qui exerce les fonctions de collaborateur de député ou d'assistant de sénateur ne peut accomplir aucun acte de la profession en faveur des personnes reçues dans le cadre de ses fonctions (décret du 12 juill. 2005, art. 20).

2) S'il est conseiller régional, départemental ou municipal, l'avocat ne peut durant son mandat exercer directement ou indirectement contre la collectivité concernée, les entités qui la composent ainsi que les établissements publics en dépendant.

Une inspiration similaire explique l'article 122 à l'intention des avocats anciens fonctionnaires de l'État ou territoriaux. Durant cinq ans à dater de la cessation de leur activité antérieure, ils ne peuvent conclure et plaider contre les administrations relevant du département ministériel auquel ils étaient attachés ou contre les collectivités territoriales dont ils relevaient. Le texte ne dit pas ici « consulter ou plaider », mais « conclure et plaider ». Il paraît cependant aller de soi que la délivrance d'une consultation contre l'ancienne administration de rattachement est également prohibée. L'article 122 vaut aussi et par *a fortiori* pour les avocats simultanément fonctionnaires (on pense en pratique aux professeurs des facultés de droit) : interdiction leur est faite de plaider ou consulter contre l'État. Cette interdiction ne vise pas globalement l'intervention pénale qui place l'avocat face au ministère public, mais elle empêche par exemple l'avocat professeur de droit de défendre pénalement une personne prévenue de fraude fiscale.

III – Les règles légales d'exercice

La déontologie a longtemps relevé en France du droit coutumier des barreaux. Mais cédant à la mode de l'inflation législative ou voulant aussi réguler ou unifier une profession jugée trop indépendante, les pouvoirs publics se sont préoccupés de relayer la profession dans la détermination des devoirs et des règles du barreau. S'appuyant subtilement sur les termes des articles 21-1 et 53-2° de la loi de 1971, une distinction est aujourd'hui faite entre les *règles de déontologie* et les *règles et usages* de la profession. Les premières relèvent du gouvernement et s'imposent à l'ensemble de la profession d'avocat, comme l'a décidé le Conseil d'État dès 2001. Les secondes relèvent de la profession, nationalement ou localement, mais comme elles ne peuvent contredire les premières, autant dire qu'elles se réduisent de nos jours à l'application pratique des textes réglementaires.

Un décret « déontologie » du 12 juillet 2005, déjà partiellement modifié, est ainsi venu fixer les principes essentiels de la profession et les devoirs de l'avocat envers les clients, la partie adverse et les confrères. Il remplace ou complète de la sorte au titre III du décret de 1991 sur l'exercice de la profession le chapitre 3 intitulé « règles professionnelles ». D'autres obligations sont aussi reprises en amont ou en aval de ce chapitre : ainsi les devoirs particuliers du « patron » à l'égard des avocats collaborateurs ou salariés, ou encore les obligations en matière d'assurance, de comptabilité ou de maniements de fonds. Le tout sans préjudice des obligations fiscales et sociales pesant sur l'avocat comme sur tout autre contribuable ou employeur de personnel.

Derrière certains de ces textes, il serait incorrect de ne voir la plume que des pouvoirs publics ; leur contenu est largement repris des meilleures pratiques des barreaux – on songe aux CARPA – et leur libellé quelquefois même totalement recopié des dispositions des règlements intérieurs – on songe aux principes essentiels. Mais l'intervention du pouvoir exécutif qui a pour avantage l'unification du droit applicable, a pour rançon inévitable de faire perdre à la profession la maîtrise qu'elle pouvait encore avoir de l'évolution de ses propres règles.

IV – Les attributions du parquet général

Parce qu'il a mission de veiller à l'observation des lois, le parquet est invité par la loi à suivre l'activité des barreaux et celle des avocats. Mais à la différence des officiers ministériels qui sont surveillés par le procureur de la République près le tribunal de grande instance de leur ressort, les avocats ont pour interlocuteur direct le procureur général près la cour d'appel. Deux objets sont assignés à sa mission :

– suivre l'activité de chaque avocat : le procureur général, destinataire possible avec le bâtonnier des plaintes concernant un avocat, peut initier des poursuites disciplinaires et relever appel des décisions disciplinaires du conseil de l'ordre ;

– suivre les activités ordinales : le procureur général à qui sont nécessairement notifiés le résultat des élections ainsi que les délibérations collectives et décisions individuelles du conseil de l'ordre, peut déférer lesdites élections à la cour d'appel ou relever appel desdites délibérations ou décisions.

Lire aussi

– Balsan A., « Réflexions sur la confraternité », *Gaz. Pal.* 2000, doctr. 1346
– de Belval B., « L'indépendance de l'avocat après le décret du 12 juillet 2005 », *Gaz. Pal.* 2005, doctr. 3879
– Martin R., « L'avocat et la délicatesse de l'honneur », *ibid.* 1340
– Michaud P., « Le serment de Badinter : un socle pour le développement économique des avocats », *Gaz. Pal.* 2006, doctr. 2836
– Sidiropoulou P., *Avocat profession désintéressée*, Mémoire dactyl. DEA, Lille 2, 1998

Chapitre 2
La profession

L'avocat n'est pas seulement tenu par les règles que fixe la loi. Les textes eux-mêmes évoquent tour à tour les *règles, usages et pratiques* du barreau, lequel reste dans le cadre de plus en plus contraignant des textes une autorité normative, en même temps surtout qu'un guide pour ses membres. On examinera préalablement l'organisation de la profession (section 1) avant d'étudier son rôle déontologique (section 2).

Section 1
L'organisation de la profession

La profession d'avocat est une profession ordinale. Mais particulièrement soucieuse de son indépendance, elle a réussi jusqu'ici, quitte à sacrifier les avantages du front commun, à conserver une structure éclatée qui, au lieu d'un ordre national tel que le connaissent les médecins ou les architectes, fait apparaître autant d'ordres distincts qu'il y a de barreaux en France, soit actuellement 163. Le principe est en effet d'un barreau auprès de chaque tribunal de grande instance, sauf regroupement au sein du ressort d'une cour d'appel. Juridiquement chacun de ces barreaux dispose, quelle que soit sa taille, des mêmes prérogatives : il constitue à lui seul un ordre d'avocats, doté de la personnalité juridique et maître de ses affaires. *Stricto sensu* le barreau comprend les avocats en activité ; l'ordre, entité plus large, y ajoute les avocats honoraires.

Le revers majeur de cette situation a toujours été qu'à vouloir éviter la mainmise des pouvoirs publics sur un ordre national, on a empêché la profession de pouvoir se défendre d'une même voix face aux projets de réforme la concernant. Le texte du 31 décembre 1990 a donc voulu ébaucher une organisation nationale minimale : le Conseil national des barreaux.

Cette dualité des échelons local/national se retrouve à l'identique en matière de règlements pécuniaires. Les avocats peuvent en effet détenir temporairement des fonds appartenant à des tiers : les barreaux ont créé des CARPA, mais certains dysfonctionnements ont amené les pouvoirs publics à instituer par décret du 5 juillet 1996 une commission nationale de contrôle, récemment dédoublée par le décret du 11 juillet 2014.

Un échelon régional, déjà présent à travers les centres régionaux de formation professionnelle, émerge aujourd'hui avec les nouveaux conseils de discipline institués par ressort de cour d'appel par la loi du 11 février 2004 ; comme ceux-ci en raison de leur spécificité seront traités au titre IV (*infra*), on examinera seulement ici les structures institutionnelles locales (I) puis nationales (II), signalant simplement pour mémoire les nombreuses structures associatives que la profession a créées par ailleurs, pour sa défense (Conférence des bâtonniers, syndicats professionnels), sa commodité d'exercice (UNCA, ANAAFA) ou son régime social (CNBF, APBF) et le débat amorcé sur la gouvernance de la profession dans le cadre et à la suite des travaux de la commission Darrois.

I – Les structures locales

L'examen des dispositions de la loi du 31 décembre 1971 et de son décret d'application marque la confiance accordée à la profession par les pouvoirs publics. Le barreau est sensiblement autogéré, qu'il s'agisse de son administration générale ou des maniements de fonds.

A – Les barreaux

Les avocats établis près chaque tribunal de grande instance forment un barreau jouissant de la personnalité civile ; celui-ci est aussi un établissement d'utilité publique, puisqu'il assume à la demande des pouvoirs publics des missions d'intérêt public : assurer de façon générale la fonction de défense dans la circonscription du tribunal, assurer plus spécialement les permanences pénales pour les comparutions immédiates, la présence de l'avocat en garde à vue, les commissions et désignations d'office, enfin gérer la dotation budgétaire que l'État alloue pour les missions d'aide juridictionnelle.

L'administration du barreau est confiée à un conseil de l'ordre que préside le bâtonnier, tous élus. Des assemblées générales sont prévues.

1 – Le conseil de l'ordre

À l'exception des petits barreaux (moins de 8 avocats) dont l'administration est confiée au tribunal de grande instance, les barreaux sont administrés par un conseil de l'ordre élu pour 3 ans, renouvelable par tiers chaque année. À l'exception des anciens bâtonniers, les membres du conseil ne peuvent assurer plus de deux mandats consécutifs ; une interruption d'un ou deux ans, selon la taille du barreau, leur est imposée.

Le nombre des membres du conseil (nécessairement 3 ou un multiple pair de 3 : 6, 12, 18 ou 24) dépend du nombre d'avocats disposant du droit de vote (v. art. D. 4). Le maximum est à Paris (42). Le conseil peut donc s'avérer dans les gros barreaux une structure lourde, en sorte que le législateur a prévu en 1993 que dans les barreaux d'au moins 500 électeurs où le conseil comprend au moins 18 membres, des formations restreintes de 5 membres pourraient avoir compétence à la place de l'instance plénière. Le conseil ne délibère valablement que si plus de la moitié de ses membres sont présents.

Le conseil a pour attribution de traiter toutes questions intéressant l'exercice de la profession et de veiller à l'observation des devoirs des avocats ainsi qu'à la préservation de leurs droits. La loi lui assigne notamment :

1) des tâches réglementaires :

– arrêter ou modifier le règlement intérieur ;

– assurer dans son ressort l'exécution des décisions du Conseil national des barreaux ;

2) des tâches administratives :

– statuer sur les demandes d'inscription, les demandes d'omission, le rang d'un avocat qui revient au tableau après un abandon de son activité, les demandes d'autorisation d'ouverture d'un bureau secondaire ou de retrait de cette autorisation ;

– dresser au moins une fois par an le tableau des personnes physiques et morales appartenant au barreau ;

– communiquer au CNB la liste des membres du barreau et ses mises à jour périodiques à l'effet d'alimenter l'annuaire national mis en ligne par cet organisme ;

– gérer les biens de l'ordre, arrêter les cotisations, préparer le budget, administrer les ressources et les utiliser pour les « œuvres sociales » du barreau ;

– autoriser le bâtonnier à ester en justice, transiger, compromettre, emprunter… ;

– organiser les services généraux de recherche et de documentation nécessaires à l'exercice de la profession ;

3) des tâches disciplinaires et de surveillance qui peuvent fonder sa responsabilité civile s'il néglige de les exercer :

– instruire les plaintes, prononcer ou lever une suspension provisoire et, mais seulement à Paris, statuer disciplinairement ;

– maintenir les principes de probité, de désintéressement, de modération et de confraternité sur lesquels repose la profession et exercer la surveillance que l'honneur et l'intérêt de ses membres rendent nécessaire ;

– veiller à ce que les avocats soient exacts aux audiences et se comportent en loyaux auxiliaires de la justice ;

– vérifier les comptabilités et la souscription des assurances, ainsi que le respect par les avocats des obligations que leur fait le Code monétaire et financier en matière de lutte contre le blanchiment des capitaux et le financement du terrorisme ;

– vérifier les contrats de travail et de collaboration conclus entre avocats ; exiger, si nécessaire, les modifications imposées par la loi.

Plus généralement il a mission de traiter toute question intéressant l'exercice de la profession, la défense des droits des avocats et la stricte observation de leurs devoirs.

Prises à la majorité, les délibérations ou décisions du conseil peuvent être déférées à la cour d'appel par la personne à qui elles font grief, ainsi que par le parquet général qui a notamment pour rôle de débusquer en vue de leur annulation (et d'elle seule ; en matière de règlement intérieur, la cour ne peut substituer d'elle-même une disposition nouvelle à celle qu'elle annule) les délibérations ou décisions étrangères aux attributions du conseil, *a fortiori* les délibérations ou décisions illégales. Le délai de notification est de 15 jours. Le délai d'appel est d'un mois. Les délibérations réglementaires sont également portées à la connaissance des avocats du barreau dans les 15 jours de leur date. Sauf en matière disciplinaire, le conseil de l'ordre est partie à l'instance d'appel. La cour statue en audience solennelle, c'est-à-dire deux chambres réunies sous la présidence du Premier président (art. R. 312-9 COJ) et en la chambre du conseil, sauf si l'intéressé demande une audience publique.

2 – Le bâtonnier

Chaque barreau a à sa tête un bâtonnier qui préside le conseil de l'ordre. *Primus inter pares*, le bâtonnier est élu pour deux ans et n'est pas immédiatement rééligible. Il peut cependant exercer deux mandats successifs dans les barreaux qui ne dépassent pas 30 électeurs.

Le bâtonnier représente le barreau dans tous les actes de la vie civile. Il est ainsi le représentant de l'ordre dans les manifestations officielles et en justice ; mais il est surtout l'interlocuteur des chefs de juridictions chaque fois qu'il s'agit d'apporter dans l'organisation du tribunal un changement pour une meilleure administration de la justice. On signalera à cet égard que, depuis la suppression des avoués d'appel et le passage à la procédure électronique, les bâtonniers en exercice du ressort d'une même cour sont invités à désigner l'un d'eux tous les deux ans pour être l'interlocuteur de la cour à propos de toute question d'intérêt commun relative à la procédure d'appel.

Le bâtonnier prévient ou concilie les différends d'ordre professionnel entre les membres du barreau et instruit toute réclamation formée par les tiers : magistrats ou justiciables. Plus largement il assure la direction morale du barreau, délivrant une admonestation « paternelle » en cas de léger manquement aux règles professionnelles ou saisissant le conseil de discipline en cas de manquement plus grave.

Sur deux points, le bâtonnier fait fonction de juge de première instance : lorsqu'en l'absence de conciliation il arbitre à charge d'appel devant la cour un conflit entre avocat employeur et avocat salarié ou plus généralement depuis la réforme de mai 2009 un différend entre avocats à l'occasion de leur exercice professionnel (art. L. 7 et L. 21) ; lorsqu'il apprécie à charge de recours devant le Premier président une contestation d'honoraires ou un litige relatif à une restitution de pièces (art. D. 175 s.).

Enfin le bâtonnier procède aux désignations au titre de l'aide juridictionnelle ou aux commissions d'office. *Ubi honor, ibi onus.* Empreinte traditionnellement d'une apparence honorifique, la fonction est devenue une charge écrasante au point que, sur la suggestion de la Commission Darrois, les textes permettent depuis octobre 2009 de désigner un vice-bâtonnier appelé à seconder ou suppléer le bâtonnier. C'est normalement le candidat au bâtonnat qui présente conjointement avec sa candidature celle de son vice-bâtonnier, au point que l'élection du premier emporte élection du second. Les fonctions du vice-bâtonnier expirent avec le mandat du bâtonnier ; elles ne peuvent faire l'objet d'une reconduction immédiate. Elles sont également incompatibles avec la fonction de membre du conseil de l'ordre ; le vice-bâtonnier n'y siège qu'avec voix consultative. Même pourvu d'un vice-bâtonnier, le bâtonnier conserve la possibilité traditionnelle de déléguer à un ou plusieurs membres du conseil de l'ordre et pour un temps limité une partie de ses pouvoirs. Il peut aussi, en cas d'absence ou d'empêchement momentané et pour le temps de l'obstacle, les déléguer tous à un ou plusieurs membres du conseil si le vice-bâtonnier fait défaut. S'agissant précisément de ses fonctions arbitrales, la délégation peut être donnée à d'anciens bâtonniers ou à d'anciens membres du conseil de l'ordre. En toute hypothèse le bâtonnier doit à l'évidence remplir exactement les devoirs de sa charge, la Cour de cassation ouvrant dorénavant au justiciable mécontent de la « carence » du bâtonnier une action devant le juge de droit commun, y compris en référé.

3 – Les élections

Des élections ont lieu chaque année, à la date fixée par le conseil de l'ordre et ordinairement dans les 3 mois qui précèdent la fin de l'année civile. Jusqu'au décret du 26 décembre 2014 et dans les barreaux dépassant 30 électeurs, il était procédé une année sur deux à l'élection du bâtonnier, et l'autre année à l'élection d'un dauphin, « avocat destiné à succéder au bâtonnier sous réserve de confirmation par l'assemblée générale (l'année suivante) ». L'objectif était de préparer le futur bâtonnier à sa charge en l'associant pendant un an aux travaux du conseil, avec voix consultative, s'il n'en était pas déjà membre. L'expérience révélant que le dauphin n'était pas toujours confirmé, le décret du 26 décembre 2014 a rompu avec ce système ; dorénavant, dans ces barreaux de plus de 30 électeurs, le bâtonnier est élu six mois au moins avant sa prise de fonction et siège au conseil avec voix consultative s'il n'en est pas déjà membre ; il a aussi vocation à achever le mandat du bâtonnier en exercice si celui-ci vient à s'interrompre prématurément. L'élection du bâtonnier a donc désormais un calendrier spécifique distinct de celui de l'élection des membres du conseil de l'ordre qui est renouvelé par tiers chaque année.

L'assemblée générale élective comprend tous les avocats inscrits au tableau et les avocats honoraires.

Sont seuls éligibles les avocats personnes physiques, inscrits au tableau. On ne peut donc élire ni une personne morale, ni un avocat honoraire. Si le barreau compte plus de 16 électeurs, il faut même, pour être éligible, justifier d'au moins quatre années d'ancienneté depuis la prestation de serment, calculées au 1er janvier de l'année de l'élection. Un barreau qui avait posé dans son règlement intérieur que ne pouvait être élu bâtonnier qu'un avocat ayant déjà fait partie du conseil de l'ordre a vu sa délibération annulée ; elle ajoutait à la loi une condition non prévue.

Les élections qui peuvent dorénavant se faire par vote électronique ont lieu « à bulletins secrets » ; sans exiger nécessairement un isoloir, la Cour de cassation demande que soit prévu un dispositif spécial garantissant le secret du vote. Au nom des principes généraux du droit électoral, elle veille plus globalement à ce que soient également garanties la complète information des électeurs, leur liberté de choix et la sincérité du scrutin.

Pour éviter des élections fastidieuses, le décret a prévu pour le choix du bâtonnier un scrutin majoritaire à deux tours. Si aucun des candidats n'a obtenu au premier tour la majorité des suffrages exprimés, ne restent au 2e tour que les deux candidats ayant réalisé le meilleur score. En cas d'égalité, le plus âgé (et non le plus ancien) l'emporte.

Au conseil de l'ordre, une distinction s'impose. Si le nombre d'électeurs ne dépasse pas trente, il est prévu un scrutin uninominal majoritaire à deux tours ; la majorité absolue est requise au premier tour ; la majorité relative suffit au second ; en cas d'égalité de voix, le plus ancien au tableau l'emporte ou, à égalité d'ancienneté, le plus âgé. Si le nombre d'électeurs dépasse trente, l'ordonnance du 31 juillet 2015 impose (comme si la profession depuis des décennies n'élisait jamais des femmes au bâtonnat ou au conseil de l'ordre !) des candidatures par binômes homme/femme ; sont donc élus les binômes ayant recueilli la majorité absolue au premier tour ou la majorité relative au second ; en cas d'égalité de voix entre binômes, l'emporte celui où se trouve le plus ancien inscrit au tableau ou, à égalité d'ancienneté, le plus âgé. Mais, songeant au cas où le conseil de l'ordre comprend un nombre impair de membres (en pratique à l'époque les conseils de 9 membres dans les barreaux de 30 à 50 électeurs), l'ordonnance ajoute : « est considéré comme élu le membre du dernier binôme paritaire élu tiré au sort ». Digne du bricolage, cette trouvaille n'a heureusement plus d'application puisque le décret du 22 décembre 2016 a revu la composition des conseils de l'ordre à l'effet d'imposer des multiples de trois qui soient uniquement pairs. Les mandats commencent au début de l'année civile suivante pour se terminer à la fin d'une année civile.

En cas de nécessité, des élections partielles sont organisées dans les trois mois de l'événement qui les impose.

Les avocats disposant du droit de vote peuvent dans les 8 jours qui suivent le scrutin déférer les élections à la cour d'appel, en avisant de leur initiative le procureur général et le bâtonnier. Le procureur général lui-même, à qui le procès-verbal des élections doit être notifié, dispose de 15 jours pour contester le vote devant la cour d'appel ; il en avise aussi le bâtonnier. La Cour de cassation ajoute que le juge doit avertir les élus dont l'élection est contestée et les faire convoquer en temps utile par le greffe par lettre recommandée avec accusé de réception. En cas de pourvoi, le recours est soumis à la procédure ordinaire avec représentation obligatoire et non à celle spécifique aux élections professionnelles.

4 – Les assemblées de l'ordre

Selon l'article D. 17, les délibérations de l'ordre ont lieu en assemblée générale, selon les modalités fixées par le règlement intérieur. L'assemblée générale comprend tous les avocats disposant du droit de vote, soit les avocats inscrits au tableau et les avocats honoraires.

En réalité, en dehors de l'assemblée élective, l'assemblée générale n'a qu'un rôle modeste. Elle ne peut examiner que les questions qui lui sont soumises par le conseil de l'ordre ou, sous condition d'aviser ce dernier 15 jours à l'avance, par l'un de ses membres. Elle n'exprime que des avis ou des vœux sur lesquels le conseil de l'ordre a seulement pour obligation de délibérer dans les 3 mois et de donner ses motifs s'il passe outre.

Indépendamment de ces réunions institutionnelles, l'ordre peut se trouver assemblé à l'occasion de cérémonies. Le bâtonnier et les membres du conseil ont la préséance, mais il est fréquent que les règlements intérieurs accordent le 2e rang au doyen de l'ordre, c'est-à-dire l'avocat le plus ancien inscrit au tableau.

B – Les Caisses des règlements pécuniaires des avocats (CARPA)

Les avocats pouvant, comme nous le verrons, encaisser dans le cadre de leur activité des fonds qui reviennent à leurs clients ou doivent être adressés à leurs adversaires, la loi a imposé à chaque barreau, outre une garantie de représentation des fonds (art. L. 27), la création d'une caisse qui peut être commune à plusieurs barreaux (art. L. 53-9°). Celle-ci est créée par délibération du ou des conseils de l'ordre concernés. Chaque avocat est tenu de passer par son intermédiaire pour les encaissements et les transferts de ce que la pratique appelle les « fonds-clients ». Seuls les fonds reçus en qualité de fiduciaire y échappent en raison de la réglementation spécifique qui s'applique à eux.

Quelques bavures, rares mais conséquentes, s'étant produites, les pouvoirs publics ont, avec l'accord des organismes représentatifs de la profession, revu par décret et arrêté du 5 juillet 1996 les textes relatifs à la matière. Les CARPA sont dorénavant tenues d'adopter la forme d'une association déclarée, mais en toute hypothèse elles restent sous la responsabilité du ou des barreaux fondateurs (art. D. 237). Le ou les conseils de l'ordre concernés en dressent les statuts et le règlement intérieur. Les délibérations ainsi prises sont notifiées au procureur général qui peut les déférer à la cour. Elles sont aussi notifiées à la commission nationale de contrôle (art. D. 239) créée par la réforme et auprès de qui la CARPA doit justifier qu'elle dispose des moyens en personnel et matériel (notamment informatique) nécessaires à son fonctionnement (art. D. 237.1, al. 1). À défaut de tels moyens, la CARPA déficiente est tenue de se grouper avec une ou plusieurs autres pour former une caisse commune conforme aux vœux de la loi (art. D. 237.1, al. 2).

Un double contrôle du fonctionnement de la CARPA est assuré :

– localement par un commissaire aux comptes nommé pour 6 ans par le conseil de l'ordre concerné : il dispose d'un pouvoir d'investigation et établit annuellement un rapport sur le respect des dispositions réglementaires, rapport qu'il transmet au bâtonnier, mais aussi au procureur général et à la commission de contrôle (art. D. 241.2) ;

– nationalement, et suite à un décret du 11 juillet 2014 réorganisant la matière, par une commission de régulation et une commission de contrôle pouvant respectivement adresser des avis ou recommandations (art. D. 241-3-1), envoyer des *missi dominici* (art. D. 241.5) ou, en cas de manquement constaté, prendre des mesures de sauvegarde ou de sanction (art. D. 241.7 et 8 : v. *infra*).

Avant même la réforme de juillet 1996, un régime de rigueur frappait déjà les CARPA en tant qu'elles avaient été rendues gestionnaires pour compte de l'État des fonds dégagés par le ministère de la Justice pour la rétribution des missions d'aide légale confiées aux avocats. Avant la loi du 10 juillet 1991, ces derniers touchaient leur indemnité du régisseur du tribunal de grande instance. La réforme a voulu décharger ces fonctionnaires et ce sont donc les barreaux qui touchent annuellement une enveloppe en rapport avec le nombre de missions assumées l'année précédente (L. 10 juill. 1991, art. 27), à charge de la répartir entre les avocats pour chaque mission remplie (décr. 19 déc. 1991, art. 105). Les fonds sont virés à la CARPA sur un compte spécifique (L. précit., art. 29) et dès 1991 ce compte a été soumis à la surveillance obligatoire d'un commissaire aux comptes désigné par le conseil d'administration de la CARPA (L. précit., art. 30).

La CARPA est naturellement tenue de vérifier que ses membres respectent leurs obligations ; la responsabilité civile d'une CARPA a ainsi été retenue pour avoir tardé à informer les autorités ordinales des dysfonctionnements observés depuis 2 ans sur les comptes d'un avocat.

II – Les structures nationales

A – Le Conseil national des barreaux (CNB)

Les barreaux sont indépendants et jaloux de leur autonomie. La situation n'est pas sans inconvénients en termes de représentation de la profession auprès des pouvoirs publics. Elle génère aussi de sérieux inconvénients en cas de conflits entre avocats de barreaux distincts ou lorsque, par le biais de sociétés, des avocats appartenant à des barreaux différents viennent à se regrouper. L'article 18 de la loi du 31 décembre 1971 a permis des délibérations conjointes sur des problèmes d'intérêt commun : par ex. l'informatique, la formation professionnelle, la représentation de la profession, le régime de la garantie. Le remède, peu usité, s'est avéré insuffisant. La loi du 31 décembre 1990 a donc préféré franchir un pas décisif en instituant pour la première fois une instance nationale, établissement d'utilité publique : le Conseil national des barreaux. On examinera ses attributions, sa désignation et son fonctionnement.

1 – Attributions du CNB

Doté de la personnalité morale, le CNB est tout d'abord chargé de représenter la profession notamment auprès des pouvoirs publics. La logique commanderait qu'il fût seul, mais c'est en réalité sans compter avec l'influence de deux institutions qui ont toujours eu et conservent l'oreille de la chancellerie : le barreau de Paris d'une part et la conférence des bâtonniers d'autre part. Pour limiter le risque de division, le bâtonnier de Paris et le président de la conférence des bâtonniers sont devenus en 2009 vice-présidents de droit du CNB.

Depuis la loi du 11 février 2004, le CNB unifie, dans le respect des textes en vigueur, les règles et usages professionnels (art. L. 21-1), ce qui l'a conduit successivement à adopter et à imposer aux ordres en avril 2004 le règlement intérieur unifié (RIU) puis en novembre 2005 le règlement intérieur national (RIN) de la profession d'avocat. Auparavant il était seulement chargé de « veiller » à leur harmonisation, mission au libellé prudent et ambigu qui avait provoqué un important contentieux (*infra*). Ses décisions sont publiées au *Journal officiel* et notifiées au garde des Sceaux ainsi qu'au conseil de l'ordre de chacun des barreaux. La loi nouvelle n'ayant rien dit du contrôle de légalité des décisions du CNB en cette matière, force est d'admettre, en l'absence d'attribution expresse de compétence à l'ordre judiciaire, que ce contrôle relève de la juridiction administrative et plus précisément encore du Conseil d'État. On peut s'en étonner : la légalité d'une délibération réglementaire émanant de la profession relève de l'ordre administratif si elle est prise au plan national, de l'ordre judiciaire si elle est prise au plan local. Fondamentalement cependant les limites assignées au pouvoir réglementaire de la profession restent les mêmes : ne pas mettre en cause la liberté d'exercice de la profession ou les règles essentielles qui la régissent ; ne pas installer de prescriptions qui n'auraient aucun fondement dans les règles législatives ou les décrets pris pour leur application, ou ne seraient pas une conséquence nécessaire d'une règle figurant au nombre des traditions de la profession.

Le CNB est encore investi de prérogatives essentielles dans le domaine de la formation professionnelle dont il définit les principes d'organisation : spécialement il harmonise lui-même les programmes de formation, coordonne les actions des centres régionaux de formation, surtout perçoit auprès de chaque barreau et répartit entre les centres régionaux le financement de la formation provenant de l'État et des barreaux. Les litiges découlant de ses décisions sur ces derniers points relèvent de la cour d'appel de Paris.

Il reçoit enfin un autre pouvoir décisionnel direct, s'agissant de l'intégration des avocats étrangers dans un barreau français : sous contrôle de la cour d'appel de Paris ici encore compétente en cas de recours, il dresse la liste des personnes relevant de la directive communautaire 2005/36/CE du 7 septembre 2005 relative à la reconnaissance mutuelle des qualifications professionnelles ou celle des personnes qui, ne relevant pas de cette directive, sont autorisées à passer un examen spécial de contrôle de leurs connaissances en droit français.

Depuis une ordonnance du 30 janvier 2009, le CNB peut apporter son assistance à un conseil de l'ordre pour la vérification du respect par les avocats de leurs obligations en matière de lutte contre le blanchiment des capitaux.

La loi de modernisation du 28 mars 2011 lui confie le soin de délivrer les certificats de spécialisation, de dresser la liste nationale des avocats qui en sont titulaires et de désigner le jury qui vérifie les compétences professionnelles dans la spécialité.

Il détermine également, en concertation avec le ministre de la Justice, les modalités et conditions de mise en œuvre du réseau indépendant à usage privé des avocats aux fins d'interconnexion avec le « réseau privé virtuel justice ». Il assure l'exploitation et les développements des outils techniques permettant de favoriser la dématérialisation des échanges entre avocats. Il a charge enfin d'établir, mettre à jour et diffuser en ligne un annuaire national des avocats sur la base des indications que lui font remonter les différents conseils de l'ordre.

2 – Désignation du CNB

Initialement composé de 60 membres élus au suffrage indirect, le CNB a été recomposé par décret du 19 mars 1996. L'accouchement a été douloureux puisque l'enjeu sensible du dossier n'était autre que le poids accordé au barreau de Paris dans cette instance nationale, les premières élections ayant largement réduit la représentation du barreau de la capitale. Le nouveau système retient 80 membres élus dorénavant au suffrage direct :

– 40 élus par le collège ordinal, c'est-à-dire l'ensemble des bâtonniers et membres des conseils de l'ordre ;

– 40 élus par le collège général, c'est-à-dire l'ensemble des avocats disposant du droit de vote aux assemblées générales des barreaux.

Chacun des deux collèges est divisé à l'identique en deux circonscriptions territoriales : le barreau de Paris d'un côté, les autres barreaux français de l'autre ; les 40 sièges sont répartis entre ces circonscriptions proportionnellement au nombre d'avocats inscrits dans chacune d'elles, mais en sorte que les chiffres soient toujours pairs pour préserver la parité des sexes.

Les élections ont lieu tous les trois ans, à la date fixée par le président du CNB. Les candidatures sont individuelles pour le collège ordinal et sous forme de listes alternant hommes et femmes pour le collège général. Sont éligibles dans le premier collège les bâtonniers ou vice-bâtonniers, anciens bâtonniers ou vice-bâtonniers, membres et anciens membres des conseils de l'ordre. Sont éligibles dans le second collège les avocats inscrits au tableau au 1er janvier de l'année du scrutin. Les membres sortants ne sont immédiatement rééligibles qu'une seule fois. Il leur faut ensuite une interruption de trois ans. L'élection est acquise au scrutin uninominal majoritaire à un tour dans le collège ordinal ; au scrutin de liste proportionnel avec attribution du reste à la plus forte moyenne dans le collège général.

Le contentieux des élections est réservé à la cour d'appel de Paris, saisie par un avocat dans les 8 jours de la proclamation des résultats ou par le procureur général dans les 15 jours du même événement.

Aux 80 membres élus s'ajoutent depuis le décret du 11 décembre 2009 le président de la conférence des bâtonniers et le bâtonnier du barreau de Paris.

Lorsqu'il statue en matière de formation professionnelle, le CNB se voit adjoindre, à l'image des jurys d'examens professionnels, deux magistrats désignés par le garde des Sceaux et deux professeurs de l'enseignement supérieur désignés par le ministre chargé des universités.

3 – Fonctionnement du CNB

Le CNB élit en son sein, au scrutin uninominal majoritaire à deux tours, un bureau composé d'un président, deux vice-présidents, un secrétaire, un trésorier et 4 membres. Tous sont élus pour trois ans ; le mandat du président n'est pas renouvelable, alors que celui des autres membres du bureau l'est une fois. Les textes n'ont pas prévu le cas où deux candidats seraient à égalité de suffrages ; l'hypothèse s'est réellement présentée et, par analogie avec les règles prévues pour les élections ordinales, la préférence a été donnée au candidat le plus âgé.

Outre les élus précités, le bureau comprend le président de la conférence des bâtonniers et le bâtonnier de Paris qui sont vice-présidents de droit à l'exclusion de toute autre fonction.

Les fonctions de membre du CNB sont gratuites et ne peuvent donner lieu qu'à remboursement de frais de voyage ou de séjour. Le président, les membres élus du bureau, le président de la commission de la formation professionnelle et les présidents des commissions permanentes peuvent cependant toucher une indemnité pour leurs frais de représentation.

Le CNB se réunit sur convocation de son président, à l'initiative de celui-ci ou à la demande du tiers de ses membres. La moitié des membres doivent être présents pour permettre la délibération. À défaut, une nouvelle convocation est nécessaire, mais aucun *quorum* n'est plus exigé. Les décisions sont prises à la majorité des voix. Celle du président est prépondérante en cas de partage.

Le CNB établit son budget de fonctionnement et son règlement intérieur. Ses ressources proviennent de la cotisation levée annuellement sur chaque avocat inscrit au tableau ou admis au stage. Le recouvrement est généralement opéré *via* les barreaux.

La commission de la formation professionnelle est présidée par le président du CNB ou son délégataire. Outre les 2 magistrats et les 2 universitaires précités, elle comprend 6 membres avocats. Elle ne peut statuer que si 8 membres au moins sont présents.

B – Les organes de contrôle des CARPA

La réforme du 5 juillet 1996 a placé les CARPA, comme nous l'avons indiqué, sous le contrôle d'une commission chargée de veiller au respect par les caisses des obligations édictées en matière de maniements de fonds. Cette commission strictement professionnelle était à l'origine composée de quatre avocats : le président du CNB, le bâtonnier de Paris, le président de la Conférence des bâtonniers, le président de l'Union nationale des caisses d'avocats. Le décret du 11 juillet 2014 lui substitue dorénavant deux commissions distinctes : la commission de régulation et la commission de contrôle.

Composée du président du Conseil national des barreaux, du président de la Conférence des bâtonniers et du bâtonnier de l'ordre des avocats de Paris qui désignent chacun un suppléant au sein de l'organisation qu'ils représentent, la commission de régulation est chargée d'observer, d'orienter et de contrôler les caisses des règlements pécuniaires des avocats et de définir le programme annuel de contrôle de ces caisses. La commission élit en son sein un président et un vice-président ; elle établit son règlement intérieur et peut, à tout moment, au vu notamment du rapport annuel établi par la commission de contrôle, émettre des avis et recommandations applicables aux caisses des règlements pécuniaires des avocats dont elle assure l'évaluation. Elle peut aussi, pour la préparation de ces avis et recommandations, se faire assister par l'Union nationale des caisses (UNCA).

Composée de douze membres, avocats en exercice, la commission de contrôle est chargée, comme son nom l'indique, de la mise en œuvre des contrôles et, le cas échéant, des sanctions applicables aux caisses défaillantes. Trois de ses membres sont désignés par le président du Conseil national des barreaux, trois autres par le président de la Conférence des bâtonniers, trois autres par le bâtonnier de l'ordre des avocats de Paris et trois autres enfin par le président de l'UNCA. Leur mandat est de trois ans, renouvelable une fois.

La commission de contrôle élit son président parmi les membres désignés par le président de la Conférence des bâtonniers et son secrétaire parmi les membres désignés par le président de l'UNCA. Elle peut, sur sa demande, bénéficier d'une assistance technique procurée par toute personne désignée par un arrêté du garde des Sceaux. Elle établit son règlement intérieur et son budget et appelle des cotisations auprès des caisses. Ses comptes annuels sont certifiés par un commissaire aux comptes désigné pour six ans. En cas de partage des voix, celle du président est prépondérante. Le siège de la commission de contrôle est fixé au siège de la Conférence des bâtonniers.

Dans le cadre du programme défini par la commission de régulation, ou sur demande d'un bâtonnier ou du procureur général, la commission met en œuvre les contrôles nécessaires. Elle désigne à cette fin des contrôleurs, avocats en exercice ou avocats honoraires, dont le mandat est de trois ans renouvelable. La commission de régulation organise leur formation. Un sapiteur peut leur être adjoint, et ils peuvent solliciter les éléments d'information détenus par l'UNCA. Les conclusions des contrôleurs sont portées à la connaissance de la commission par un rapporteur désigné en son sein, lequel formule, le cas échéant, une proposition de sanction. En cas de manquement, la commission peut décider de faire assister le président de la caisse par un confrère extérieur pour un délai d'un an, renouvelable une fois. Mais elle peut aussi prononcer trois types de sanctions de gravité croissante : une injonction de régulariser dans un délai qui ne peut dépasser six mois (art. D. 241-8-1) ; la suspension des organes d'administration de la caisse au profit d'un confrère extérieur chargé de l'administration provisoire (art. D. 241-8-2) ; le regroupement avec une autre caisse ou la délégation de gestion à une caisse mandataire (art. D. 241-8-3).

Véritable juridiction, la commission ne peut prendre les mesures ci-dessus qu'après audition du président de la caisse et celle du ou des bâtonniers concernés et du procureur général, ainsi que de toute personne dont l'audition lui paraît nécessaire. Le président de la caisse peut se faire assister d'un conseil. La décision est motivée et exécutoire par provision. Elle peut faire l'objet dans le mois de sa notification d'un recours du président de la caisse devant la cour d'appel de Paris. Le sursis à exécution peut être prononcé.

Section 2
Le rôle déontologique de la profession

Il s'exprime doublement, la profession étant à la fois autorité (I) et guide (II).

I – Le barreau, autorité normative

Ainsi qu'on l'a vu, le rôle normatif du barreau s'inscrit dorénavant dans un cadre légal et réglementaire de plus en plus prégnant ; il reste vrai cependant que la profession peut encore dans ce cadre, sur des points qui touchent plus à la vie quotidienne de l'avocat qu'aux valeurs fondamentales de la profession, secréter elle-même des règles et usages qui complètent les prescriptions des pouvoirs publics. Comme la profession demeure organisée en ordres distincts, ces règles et usages s'expriment d'abord au plan local. Mais l'époque actuelle privilégie leur unification à travers un instrument national.

A – Les règles locales

Elles empruntent deux formes : les règlements intérieurs et les usages.

1 – Les règlements intérieurs

Adoptés par les conseils de l'ordre sous le contrôle des cours d'appel, ainsi que nous l'avons déjà vu, ils sont fréquemment réservés par les textes qui trouvent commode d'y renvoyer (par ex. art. D. 162, D. 129).

La jurisprudence consacre parfaitement la possibilité pour les règlements intérieurs de compléter les textes dès lors qu'il s'agit du bon fonctionnement du barreau : par ex. obligation d'adhérer à l'assurance groupe de responsabilité contractée par le barreau, règles à respecter concernant les affiches en matière de ventes judiciaires, le déroulement des ventes… Mais une limite apparaît lorsque ce travail de complètement peut s'analyser en une déformation de la volonté légale, voire en une tentative de confiscation de la compétence législative : la jurisprudence refuse ainsi par exemple qu'un règlement intérieur puisse prévoir une incompatibilité non retenue par la loi ou puisse étendre aux correspondances entre un avocat et son ordre la confidentialité attachée par la loi aux seules correspondances entre avocats. Le bâtonnier Damien précise que pour être licites, les obligations ajoutées aux textes ne doivent pas être de nature à nuire au bon déroulement des procédures et doivent toujours contenir une réserve « permettant de passer outre dans les cas exceptionnels où les nécessités de l'instance et la protection de l'intérêt des clients l'imposeraient » (*Gaz. Pal.* 3-4 juill. 1996). C'est une manière d'exprimer qu'il n'y a jamais de solution évidente. Un règlement intérieur peut ajouter une condition ou une restriction qui n'a pas retenu l'attention du législateur ; il ne peut en revanche ajouter une condition ou une restriction dont la loi n'a pas voulu. C'est la signification du silence législatif qui doit être dégagée.

2 – Les usages

Ils peuvent rester non écrits ; ainsi si deux confrères se croisent à la porte d'un palais, celui qui est en robe a priorité de passage sur celui qui est en civil ; à la différence des simples pratiques qui désignent un mode habituel de faire, les usages présentent un caractère obligatoire pour la profession et l'avocat doit s'y conformer. Prétendre plaider avant le bâtonnier en exercice n'est pas contrevenir à une règle de bienséance ; c'est enfreindre une obligation du palais.

Bien évidemment, et comme on le verra dans le titre IV, la jurisprudence disciplinaire de l'ordre peut compléter les dispositions réglementaires dégagées *a priori*.

B – La volonté d'unification

Chaque barreau est habile, ainsi que nous l'avons vu, à édicter son propre règlement intérieur sans égard pour celui de son voisin. L'inspiration cependant est souvent commune au point que la Conférence des bâtonniers a pu publier en 1981 une compilation coutumière : la Tradition des barreaux français, riche de 558 articles. Il n'empêche que les règlements sont rarement identiques et cette situation s'avère d'autant plus gênante que les avocats ne se contentent plus de se déplacer ponctuellement hors de leur ressort ; ils constituent entre confrères de barreaux différents des sociétés « inter-barreaux » ou implantent hors de leur circonscription naturelle un bureau secondaire, tenu par un collaborateur qui sera inscrit dans le barreau d'accueil. Une harmonisation s'avérait donc indispensable. Jusqu'à la mise en place du CNB, les remèdes passaient par des conventions inter-barreaux et des règles de conflit. Pour réduire le problème à la source, la loi du 31 décembre 1991 a donné mission au CNB par elle créé de, selon sa formule initiale, « veiller à l'harmonisation » des règlements intérieurs. Le CNB en a tiré argument pour définir entre 1997 et 1999 un socle de 21 matières qu'il considérait devoir être régies uniformément dans l'ensemble des barreaux français (par ex. secret professionnel, confidentialité des correspondances, conflits d'intérêts, succession d'avocats dans un même dossier...) et adopter en conséquence par décision « à caractère normatif » le règlement intérieur harmonisé des barreaux de France (RIH) que chaque ordre devait intégrer dans son propre règlement. Les ordres ne restaient ainsi libres d'aménager que les seules matières non traitées. Opportune, cette démarche a soulevé une vive polémique de droit pur : en effet si la loi avait clairement investi le CNB d'un pouvoir décisionnel *individuel* à charge d'appel devant la cour de Paris, comme on l'a vu, elle n'avait pas affirmé son pouvoir décisionnel *réglementaire* et elle n'avait ménagé aucun recours en ce domaine. Après avoir été suivi par la chancellerie et par la Cour de cassation, le CNB a finalement été désavoué par le Conseil d'État reconnu entre-temps compétent par le tribunal des conflits. Le RIH s'est ainsi trouvé dépourvu de valeur normative. La loi du 11 février 2004 a réagi en conférant expressément au CNB la compétence réglementaire qui lui faisait défaut. Le CNB a saisi l'invitation au vol en adoptant dès avril 2004 le *Règlement intérieur unifié* des barreaux de France (RIU), notifié aux barreaux à charge pour eux d'en « assurer l'exécution » dans leur ressort. À la suite de la promulgation du décret « déontologie » du 12 juillet 2005, ce RIU a été remplacé par un *Règlement intérieur national* (RIN) qui s'impose désormais à l'ensemble des avocats. Il s'ensuit en définitive un système de règles gigognes : la loi, le décret, le RIN, le règlement intérieur local.

L'unification des normes ne règle pas pour autant toutes les difficultés, puisqu'il reste à identifier l'autorité susceptible de trancher un différend entre avocats de barreaux distincts dont les bâtonniers par hypothèse sont sur un pied d'égalité. Le RIN en son article 20 distingue à cet égard le différend « déontologique » qui a sa répercussion sur les clients et appelle un « avis » et le différend « professionnel » qui n'intéresse que les avocats et impose une « décision ». Au premier cas (un confrère par exemple considère que son contradicteur doit se dessaisir), le RIN invite les bâtonniers des avocats en conflit, s'ils ne parviennent pas à donner un avis commun, à désigner sous huit jours le bâtonnier d'un barreau tiers qui disposera de quatre semaines pour donner, sans recours possible, son avis écrit à l'application duquel ils devront veiller, notamment en engageant des poursuites disciplinaires. S'ils ne s'entendent pas sur le choix du bâtonnier tiers, le plus diligent demandera au président du CNB d'en faire la désignation. Au second cas (deux associés par exemple sont en conflit), le RIN renvoie à la procédure d'arbitrage mise en place par le décret du 11 décembre 2009 qui a inséré dans le décret de 1991 les articles 179-2 s. Le bâtonnier de l'avocat demandeur transmet sans délai l'acte de saisine au bâtonnier du barreau auquel appartient l'avocat défendeur. Les deux bâtonniers disposent alors d'un délai de quinze jours pour s'entendre sur la désignation du bâtonnier d'un barreau tiers, à défaut de quoi celui-ci est désigné par le président du CNB à l'initiative du bâtonnier du demandeur. En cas de pluralité de défendeurs appartenant à des barreaux différents, le bâtonnier initialement saisi demande directement au président du CNB de désigner le bâtonnier d'un barreau tiers. Le bâtonnier désigné a quatre mois pour rendre sa décision. Si la nature ou la complexité du différend le justifie, ce délai peut être porté à quatre mois par décision motivée, notifiée aux parties par lettre recommandée avec demande d'avis de réception. Lorsque le bâtonnier n'a pas pris de décision dans le délai imparti, chacune des parties peut saisir la cour d'appel dans le mois qui suit l'expiration du délai. Si elle est rendue, la décision du bâtonnier est notifiée et peut être contestée par les parties dans les conditions prévues à l'article D. 152. Elle est également notifiée, s'il y a lieu, aux bâtonniers des barreaux auxquels les avocats en cause sont inscrits.

II – Le barreau, guide déontologique

L'avocat est tenu par de multiples contraintes dont le code de déontologie des avocats européens reconnaît lui-même qu'elles peuvent être d'apparence contradictoires (art. 1.1) ; il est parfois délicat pour l'avocat d'apprécier le comportement correct qu'appelle son serment. Ainsi par exemple il est avant tout le défenseur de son client, mais il est aussi le confrère de son contradicteur. Aussi s'il est vrai que les intérêts de son client priment sur ceux de ses confrères (code précité, art. 2.7), il n'est pas moins vrai qu'il doit éviter dans la mesure du possible que son client bénéficie injustement d'une erreur matérielle commise par son confrère (tradition des barreaux français, n° 445). Et s'il saute aux yeux que les décrets relatifs à la profession et les règlements intérieurs deviennent de plus en plus longs, il reste que les cas de conscience de l'avocat demeurent aussi difficiles que par le passé à résoudre faute de toujours trouver une solution évidente. Deux recours s'ouvrent alors à lui : les ouvrages de déontologie ou son bâtonnier.

La profession a suscité ses autorités doctrinales incontestées : on pense aux grands traités de déontologie (Payen et Duveau, Hamelin, Damien...) qui constituent pour l'avocat une référence de première ligne.

Mais quotidiennement chacun des bâtonniers français remplit son rôle de « pasteur », selon l'expression de Roger Merle, parvenant à force de « dialogues, colloques singuliers et réflexions personnelles sur l'éthique de la profession d'avocat... à fixer la doctrine de l'Ordre sur les points douteux ou mal éclaircis... ». À lui, avec ou plutôt sans admonestation paternelle, de donner un contenu concret à ces mots qui appartiennent à l'ordre des choses : probité, honneur, délicatesse, dignité, courtoisie… Les règlements intérieurs mettent souvent le bâtonnier à contribution et l'avocat qui lui demande conseil se décharge aisément sur lui de la difficulté qui l'assaille.

Lire aussi

- Ader H., « Des règles et usages et de la déontologie », *Gaz. Pal.* 2004. 2, 2903
- Braunschweig, « L'autorégulation de la profession d'avocat : une fausse bonne idée », *Gaz. Pal.* 25-27 janv. 2009
- Labarthe F., « La dynamique de Paris, ville capitale. Les particularités du barreau de Paris », *Gaz. Pal.* 8-11 mai 1996
- Merle R., « Le bâtonnier de l'ordre des avocats, une forme de présidence originale », in *Mélanges Hébraud*, Toulouse, 1981
- Raoult C., « OPA sur les barreaux », tribune libre, *Gaz. Pal.* 29-30 avr. 1998
- « 1956, 1986, 1996… 2006 CARPA d'aujourd'hui, CARPA de demain », *Gaz. Pal.* 2007, doctr. 115 s.

Titre 2
Les assujettis

Aucun avocat n'échappe à la déontologie du barreau ; bien mieux celle-ci continue à le saisir dans son activité extraprofessionnelle. Ce très large champ des règles déontologiques oblige à passer successivement en revue les personnes (chap. 1) et les activités concernées (chap. 2).

Chapitre 1
Les personnes

La déontologie de l'avocat s'applique à tout avocat. Mais il serait faux de croire qu'elle s'applique pour cette raison à un personnage unique. Il existe plusieurs catégories d'avocats qu'il faut recenser (section 1), tout comme il est nécessaire d'examiner le sort de l'avocat étranger pratiquant en France (section 2).

Section 1
Les différentes catégories d'avocats

Les avocats peuvent être distingués selon leur place au tableau (I) et selon leur mode d'exercice (II).

I – Selon le tableau

Chaque barreau publie annuellement son tableau arrêté par le conseil de l'ordre. La section des personnes physiques y reprenait trois listes traditionnelles : les avocats honoraires, les avocats inscrits au tableau (on disait volontiers en pratique au *grand tableau*), les avocats inscrits sur la liste du stage. Le stage ayant été abrogé par la réforme du 11 février 2004 et les dispositions transitoires ayant expiré le 1er septembre 2007, cette 3e liste est caduque. Mais, honoraires ou actifs, tous les avocats figurant sur cette publication annuelle sont justiciables de l'Ordre et soumis à sa discipline. Il faut encore y ajouter les avocats omis du tableau qui appartiennent eux aussi à l'Ordre et lui restent soumis déontologiquement.

A – Les avocats inscrits au tableau

Ils constituent le bataillon lourd de la profession et, avec la disparition des stagiaires, représentent les seuls avocats en activité. Naguère l'inscription à ce qu'on appelait volontiers le « grand » tableau se prenait en fin de stage au vu du certificat délivré par le centre de formation professionnelle attestant que le stagiaire avait satisfait aux exigences de sa formation. Dorénavant elle marque l'entrée dans la profession et doit permettre de vérifier que l'impétrant remplit les conditions de fond requises pour l'exercice de la profession.

1 – Les conditions de fond

L'article 11 de la loi du 31 décembre 1971 énumère les conditions requises : celles-ci touchent à la nationalité, les diplômes et l'honorabilité des candidats. La loi en revanche ne s'est jamais intéressée à l'âge.

a) La nationalité

L'impétrant doit être de nationalité française, mais la loi assimile au Français les ressortissants :

– d'un État membre des communautés européennes ou partie à l'accord sur l'Espace économique européen,

– d'un autre État réservant aux Français la réciprocité,

– ou les personnes reconnues en qualité de réfugié ou d'apatride par l'office français compétent.

b) Les diplômes

Sauf dispenses liées à plus ou moins juste titre aux fonctions antérieures (art. D. 97 s.) ou exigence d'un examen particulier (art. D. 98-1, 99 et 100), l'impétrant doit être en principe titulaire de deux diplômes garantissant sa compétence juridique et sa connaissance des règles de la profession :

1) la maîtrise en droit ou un titre équivalent ;

2) le certificat d'aptitude à la profession d'avocat (CAPA).

c) La moralité et l'honorabilité

Nul ne peut imposer son entrée au barreau s'il ne possède pas les qualités de probité et de désintéressement nécessaires à l'exercice de la profession. Ces qualités correspondent déjà à trois exigences légales minimales :

– n'avoir pas été condamné pénalement comme auteur de faits contraires à l'honneur, la probité ou les bonnes mœurs ;

– n'avoir pas fait l'objet, pour des faits de même nature, de sanctions disciplinaires ou administratives ;

– n'avoir pas été frappé de faillite personnelle ou de sanctions similaires dans le cadre d'une procédure collective de paiement ou *a fortiori* d'une banqueroute.

Mais le fait de satisfaire ces trois conditions n'implique pas le droit d'exiger son entrée au barreau : tout manquement peut en interdire l'accès même s'il n'a pas été sanctionné pénalement ou disciplinairement : ainsi une simple interdiction d'émettre des chèques a pu justifier un rejet. Il est aussi à noter que l'amnistie ou la réhabilitation pénale n'interdit pas d'opposer les faits à l'impétrant.

2 – Procédure d'inscription

Le candidat doit s'adresser au conseil de l'ordre du barreau où il souhaite être accueilli. En pratique, c'est évidemment au bâtonnier de ce barreau, président du conseil de l'ordre, qu'il adresse son dossier. Celui-ci doit contenir les justificatifs nécessaires : d'ordinaire fiche de nationalité, maîtrise en droit et CAPA.

Le conseil de l'ordre recueille tous les renseignements sur la moralité du candidat et vérifie qu'il sera couvert soit par les assurances responsabilité professionnelle et maniement de fonds souscrites par le barreau, soit par les assurances de même nature qu'il contractera personnellement.

La décision doit être prise dans les deux mois de la demande et, si elle doit être négative, nécessite d'entendre ou d'appeler l'intéressé avec préavis de huit jours au moins. Quel que soit son contenu, la décision est notifiée dans les 15 jours de sa date à l'intéressé et au procureur général qui peuvent la déférer à la cour dans le délai d'un mois.

Si l'intéressé ne se voit notifier aucune décision dans le mois qui suit les deux mois impartis au conseil de l'ordre pour statuer, il peut considérer que ce silence vaut rejet de sa demande. Il dispose alors d'un mois pour saisir directement la cour d'appel et en aviser sans délai le procureur général et le bâtonnier.

La délibération conforme du conseil de l'ordre n'est pas la seule condition mise à l'inscription au tableau. Il faut encore que l'intéressé prête serment devant la cour d'appel (art. D. 93). C'est là une formalité substantielle qui conditionne l'inscription.

3 – Établissement du tableau

Le conseil dresse annuellement le tableau qui comporte deux sections : celle des personnes physiques et celles des personnes morales (par ex. : sociétés civiles professionnelles et sociétés d'exercice libéral). Figurent à la suite les avocats qui n'ont dans le ressort qu'un bureau secondaire et les avocats d'un autre État de l'Union européenne ou assimilé admis à exercer sous leur titre d'origine.

L'inscription des personnes physiques se fait par rang d'ancienneté, c'est-à-dire pratiquement en fonction de la date de prestation de serment. Lorsqu'un avocat se réinscrit après une période d'interruption, l'article 96 du décret précise qu'il conserve le bénéfice de sa première inscription.

Les personnes morales sont inscrites dans l'ordre de leur date de constitution, c'est-à-dire la date d'immatriculation au registre du commerce et des sociétés. Toute entité personnifiée peut être inscrite dès lors que sa forme ne confère pas à ses associés la qualité de commerçant.

B – Les avocats honoraires

Après 20 ans d'exercice, l'avocat qui a démissionné peut obtenir l'honorariat. C'est le conseil de l'ordre qui statue sur sa demande sous réserve d'appel devant la cour en cas de refus. Un tel refus peut être motivé légitimement par une peine disciplinaire grave encourue par l'avocat durant son temps d'activité.

L'avocat honoraire reste membre de son ordre et justiciable de sa discipline. Même s'il est évidemment déchargé des règles conçues à l'égard des avocats en activité, il reste tenu d'un devoir général de dignité, de probité et de délicatesse, ce qui conduit les textes à évoquer à titre de sanction disciplinaire la perte de l'honorariat en cas de manquement constaté. L'avocat honoraire bénéficie du droit de vote aux assemblées générales, peut venir en robe aux audiences solennelles et siéger, comme un avocat en activité, dans toutes les commissions administratives ou jurys de concours ou d'examen nécessitant la participation d'un avocat. Il ne peut exercer aucun acte de la profession, hormis la consultation ou la rédaction d'actes qui restent possibles sur autorisation du bâtonnier ; il peut aussi accepter une mission de justice, d'arbitrage, d'expertise ou de médiation (décret du 12 juill. 2005, art. 21). Si des honoraires lui sont dus et qu'il doit envisager leur recouvrement forcé, la procédure spéciale de recouvrement devant le bâtonnier s'impose à lui comme s'il était resté en activité. Les droits et devoirs des avocats honoraires sont plus précisément détaillés par le RIN et le règlement intérieur de chaque barreau. En pratique beaucoup d'avocats honoraires rendent à leur ordre d'inestimables services : permanences de consultations gratuites, supervision de la bibliothèque, représentation de l'ordre aux bureaux d'aide juridictionnelle… et certaines juridictions telles le tribunal du contentieux de l'incapacité fonctionnent essentiellement grâce au bénévolat d'avocats honoraires.

C – Les avocats omis

Comme nous le verrons au titre IV, le conseil de l'ordre, dans le cadre de la surveillance du tableau, peut être amené à constater en la personne d'un avocat une cause obligatoire ou facultative d'omission du tableau ; l'intéressé peut d'ailleurs le cas échéant solliciter lui-même son omission pour cause de maladie ou d'activité incompatible par exemple. L'avocat omis disparaît de la liste du tableau ; il ne peut plus exercer, ni faire état de son titre. Mais il reste avocat membre de son barreau et, comme tel, relève disciplinairement de son ordre pour toute faute commise soit avant son omission, soit au cours de celle-ci. Comme l'avocat honoraire, l'avocat omis demeure en effet tenu dans son comportement général d'un devoir de dignité, de probité et de délicatesse.

II – Selon le mode d'exercice

Selon l'article 7 de la loi du 31 décembre 1971, l'avocat peut exercer :

– à titre individuel ;

– ou au sein d'une association dont la responsabilité des membres peut être, dans des conditions définies par décret, limitée aux membres de l'association ayant accompli l'acte professionnel en cause ;

– ou au sein d'une entité dotée de la personnalité morale, à l'exception des formes juridiques qui confèrent à leurs associés la qualité de commerçant ;

– ou comme salarié ;

– ou comme collaborateur libéral d'un avocat ou d'une association ou société d'avocats.

Il peut également être membre d'un groupement d'intérêt économique ou d'un groupement européen d'intérêt économique.

A – Avocat exerçant seul ou en société

L'avocat peut exercer seul, ce qui est la manifestation la plus pure de l'indépendance. Mais ce mode correspond de moins en moins aux exigences de la pratique : permanence de l'activité judiciaire, complexité croissante du droit, augmentation du volume des affaires... obligent à se grouper indépendamment de toute considération tirée des inévitables empêchements pour cause de maladie ou d'accident. Aujourd'hui les avocats préfèrent donc exercer en groupe.

Il leur est ainsi proposé différentes structures, étant observé :

1) que sauf texte spécial contraire, ces différentes structures collectives peuvent regrouper aussi bien des avocats personnes physiques, que des associations, groupements ou sociétés d'avocats ayant à leur tour souhaité devenir membres d'une entité plus large ;

2) que l'appartenance des membres à des barreaux différents n'est plus un obstacle à la constitution de leur groupement ; celui-ci peut même aujourd'hui comprendre des confrères exerçant dans un autre État membre de l'Union européenne ou partie à l'accord sur l'Espace économique européen ou dans la Confédération suisse.

Soucieuse de respecter la directive « services », la loi du 6 août 2015 élargit plus encore ces possibilités de groupement. Dorénavant toute forme dotée de la personnalité morale peut être utilisée à la seule exception des formes juridiques conférant à leurs associés la qualité de commerçant, ce qui exclut seulement les commandites simples et les sociétés en nom collectif. De plus, contrairement au droit antérieur qui, pour garantir l'indépendance des avocats exerçant au sein de la structure, voulait qu'ils eussent la majorité du capital, celui-ci et les droits de vote peuvent dorénavant être détenus par des avocats ou des membres d'autres professions juridiques ou judiciaires exerçant en dehors de l'entité. Il suffit qu'il y ait un avocat parmi les associés et un avocat (éventuellement le même) exerçant au sein de la société, siégeant au conseil d'administration ou au conseil de surveillance.

Si l'on ajoute que, dans le sillage de la loi précitée, l'ordonnance du 31 mars 2016 met également à disposition des avocats les sociétés pluri-professionnelles d'exercice à dater du 1er juillet 2017 au plus tard, la pratique connaît donc une gamme de plus en plus vaste dont les variantes ci-après ne sont que des illustrations :

1 – Les cabinets groupés

Plusieurs avocats peuvent se domicilier au même lieu sans être pour autant associés. Ce regroupement est licite puisque la loi ne l'interdit pas. Il suppose généralement, et selon les règlements intérieurs des barreaux, une déclaration préalable au conseil de l'ordre. En réalité chacun exerce seul, tient sa propre comptabilité et répond seul devant ses clients de ses diligences ou négligences. L'existence d'un cabinet commun ne peut apparaître sur la plaque et le papier à lettre ; en contrepartie les avocats concernés peuvent plaider les uns contre les autres, sauf à observer une vigilance particulière à l'égard d'un éventuel personnel commun qui ne doit jamais trahir le secret professionnel.

2 – La société civile de moyens

La société civile de moyens, prévue par la loi du 29 novembre 1966, perfectionne la technique précédente. Son objectif est de faciliter l'activité de ses membres par la prestation de services ou la fourniture de moyens matériels (personnel, locaux…). Les associés ne mettent en commun que les moyens utiles à leur activité ; ce sont les frais qui sont partagés, non les bénéfices, ni la clientèle. Chacun conserve ses clients et la société n'exerce pas elle-même la profession. Ceci n'empêche pas le conseil de l'ordre d'en contrôler la dénomination. Comme pour les cabinets groupés, les avocats concernés peuvent plaider les uns contre les autres, mais l'article 4.2 du RIN leur étend les dispositions relatives aux conflits d'intérêts à partir du moment où, à l'intérieur de leur structure, existe un risque de violation du secret professionnel.

3 – L'association

Revisitée par le décret du 15 mai 2007, l'association reste marquée du sceau de l'ambiguïté. L'article 7 de la loi du 31 décembre 1971 laisse penser qu'elle est employeur et l'article 8 qu'elle exerce elle-même la profession puisqu'il admet que, constituée entre avocats de barreaux différents, une association « peut postuler » auprès de chaque tribunal où l'un de ses membres est personnellement inscrit. Mais, alors que la constitution de l'association est annoncée dans un journal d'annonces légales et que l'appartenance à l'association doit apparaître sur chaque courrier ou acte professionnel, les associations ne figuraient pas au rang des personnes morales susceptibles d'être inscrites au tableau jusqu'à la modification de l'article 93 du décret de 1991 en juin 2016 ; surtout les avocats qui s'associent conservent leurs clients à l'égard desquels ils restent individuellement et indéfiniment responsables (art. D. 124). L'association est donc un mode d'exercice en commun de l'activité professionnelle qui ne gomme pas complètement la personnalité de ses membres ; elle permet surtout en pratique de se substituer mutuellement, notamment aux audiences, d'où une gestion plus rationnelle du calendrier et la possibilité de maintenir à toute époque de l'année une permanence. Bien évidemment les associés ne peuvent plaider l'un contre l'autre et les droits de chacun dans l'association lui sont personnels et sont incessibles.

La réforme du 15 mai 2007 précise que l'association peut regrouper des personnes physiques ou morales exerçant la profession d'avocat, ce que le CNB avait déjà retenu ; surtout elle ajoute, en accord avec la nature de l'association qui est une société créée de fait, que chacun des membres est tenu des actes accomplis par l'un d'entre eux au nom de l'association à proportion de ses droits dans celle-ci. Les engagements sont naturellement conjoints et non pas solidaires.

Mais en application de la loi du 30 décembre 2006, le décret du 15 mai 2007 admet que, sur décision unanime des associés, le contrat d'association peut prévoir que la mise en jeu de la responsabilité professionnelle de l'un des membres n'engagera pas celle des autres. Sous réserve d'une publicité adéquate, cette clause est opposable aux tiers et l'association doit se signaler par la mention « *association d'avocats à responsabilité professionnelle individuelle* » ou « *AARPI* ».

En toute hypothèse, l'association doit faire l'objet d'une convention écrite obligatoirement remise dans les 15 jours de sa date au bâtonnier qui en saisit le conseil de l'ordre ; celui-ci dispose alors d'un mois pour exiger si nécessaire sa mise en conformité avec les règles professionnelles. La décision du conseil de l'ordre est susceptible d'un recours devant la cour d'appel. Le procureur général, informé par le bâtonnier de la conclusion de chaque contrat d'association, peut aussi à tout moment demander communication du contrat. Tout intéressé peut lui-même demander à chaque lieu d'établissement de l'association la liste des membres, la proportion de leurs droits et les clauses relatives à la responsabilité professionnelle individuelle des membres.

Les règlements intérieurs prévoient souvent une réglementation détaillée des associations. Leurs prescriptions sont licites, dès lors qu'elles ne suppriment pas ou ne limitent pas excessivement le droit à l'association prévu par la loi : ainsi une délibération limitant le nombre des associés serait contraire à la loi.

4 – La société d'exercice

Qu'elle soit société civile professionnelle, mode traditionnel issu du droit civil (loi du 29 nov. 1966 et décret du 20 juill. 1992), ou société d'exercice libéral, mode nouveau inspiré du droit commercial (loi du 31 déc. 1990 et décret du 25 mars 1993), la société exerce elle-même la profession sous une raison sociale qui est libre. Elle figure donc au tableau où son inscription est nécessaire dans la section des personnes morales.

a) La société civile professionnelle

Elle n'est possible qu'entre avocats et nécessite deux associés au moins, appartenant à un même barreau ou à des barreaux différents. Les associés lui apportent leur clientèle puisqu'ils abandonnent nécessairement toute possibilité d'exercice à titre individuel, mais ils peuvent décider, depuis la loi du 28 mars 2011, que cette clientèle ne sera pas prise en considération pour la valorisation de leurs parts. C'est la société qui exerce, mais les associés sont solidairement et indéfiniment tenus des dettes sociales à l'égard des tiers. Réciproquement la société est solidairement tenue des conséquences dommageables d'un acte imputable à l'un de ses membres. L'action en responsabilité peut être indifféremment dirigée contre la société, l'associé concerné ou les deux.

Une société civile professionnelle peut en absorber d'autres ou absorber des sociétés d'exercice libéral ; provenir d'une fusion entre ces sociétés ; enfin se scinder au profit de sociétés civiles professionnelles ou de sociétés d'exercice libéral, existantes ou nouvelles (décret du 15 mai 2007 modifiant le décret du 20 juill. 1992).

b) La société d'exercice libéral

Ces sociétés sont des sociétés de capitaux qui empruntent aux formes connues du droit commercial : SEL à responsabilité limitée, SEL à forme anonyme, SEL par actions simplifiée, SEL en commandite par actions, société en participation. La loi les ramène toutefois vers le droit civil en excluant la compétence de la juridiction commerciale tant vis-à-vis des tiers que dans les rapports internes entre associés. L'originalité des SEL est de pouvoir associer aux avocats en activité qui les composent, nécessairement majoritaires, d'anciens avocats ou même d'autres professionnels judiciaires ou juridiques. Les SEL exercent la profession et sont inscrites au tableau, hormis les sociétés en participation qui n'ont pas la personnalité morale.

Une mention particulière doit être faite à la SELARL unipersonnelle qui, dans le silence initial des textes, a été reconnue par plusieurs conseils de l'ordre avant que la Cour de cassation en refuse la possibilité ; le législateur est donc intervenu pour la valider expressément (loi du 23 juin 1999). Elle est choisie pour des raisons fiscales et ne permet en aucun cas à l'avocat de limiter sa responsabilité civile envers les victimes de ses fautes.

On notera aussi que la loi dite MURCEF du 11 décembre 2001 permet désormais le regroupement de SEL exerçant la même profession au sein de *holdings* à forme commerciale, appelées « sociétés de participations financières de professions libérales » (SPFPL). Sans exercer elles-mêmes la profession, ces sociétés doivent être inscrites au tableau.

c) La société pluri-professionnelle d'exercice

La loi du 6 août 2015 ayant habilité le gouvernement à faciliter, par voie d'ordonnance, la constitution de sociétés ayant pour objet l'exercice en commun de plusieurs des professions du droit ainsi que de conseil en propriété industrielle et d'expert-comptable, l'ordonnance du 31 mars 2016 organise dorénavant la mise en place d'une « pluri-professionnalité d'exercice ». Ses dispositions entreront en vigueur aux dates qui seront fixées, pour chacune des professions concernées, par les décrets d'application et, au plus tard, le 1er juillet 2017. Les sociétés pluri-professionnelles d'exercice ou SPE peuvent revêtir toute forme sociale, à l'exception de celles qui confèrent à leurs associés la qualité de commerçant. Elles devront nécessairement comprendre dans leurs associés au moins un membre de chacune des professions exercées par la société, ce membre ayant seul qualité pour exercer les actes relevant de sa profession. Une société ayant pour objet d'exercer les professions d'avocat et d'expert-comptable devra ainsi comprendre au moins un avocat et un expert-comptable ; les actes relevant de la profession d'avocat devront être accomplis par l'associé avocat et ceux relevant de la profession d'expert-comptable seront réalisés par l'associé expert-comptable. Chacun répondra sur l'ensemble de son patrimoine des actes professionnels par lui accomplis tandis que la société sera solidairement responsable avec lui. La SPE ne pourra exercer la ou les professions constituant son objet social qu'après son agrément par les autorités compétentes ou son inscription sur les listes ou tableaux des ordres professionnels. Le capital et les droits de vote ne pourront pas être détenus par des personnes physiques ou morales exerçant en dehors des professions figurant dans l'objet social. Ainsi, une société exerçant la profession d'avocat et d'expert-comptable ne pourra être détenue que par des avocats et des experts-comptables, qu'ils exercent ou non au sein de la société ; elle ne pourra avoir un huissier parmi ses associés si la profession d'huissier n'entre pas dans son objet social. Le conseil d'administration ou le conseil de surveillance devra compter au moins un membre, en exercice au sein de la société, de chaque profession exercée par la société. Pour cette raison, l'ordonnance supprime, au profit des avocats associés des SPE, la condition d'ancienneté de 7 ans normalement requises pour devenir membre du conseil de surveillance ou du conseil d'administration d'une société commerciale.

B – Avocat indépendant ou lié

Traditionnellement le barreau connaissait un mode d'exercice lié : la collaboration. Le Code électoral utilise encore une ancienne expression lorsqu'il évoque l'avocat qui exerce par l'intermédiaire de « secrétaires ». La loi du 31 décembre 1990 a considérablement innové en admettant la possibilité d'un salariat « interne » à la profession, formule que pratiquaient les grandes structures de conseils juridiques. La pratique révèle qu'en dehors de ces groupes le salariat se développe peu, le barreau restant fidèle à la collaboration « libérale » plus conforme à sa culture, même si celle-ci se rigidifie de plus en plus par contamination du modèle salarial. Un bouleversement plus grand encore résulterait naturellement de l'admission d'un salariat « externe » à la profession qui renvoie au débat récurrent sur la fusion des avocats et des juristes d'entreprises ; la commission Darrois n'avait pas écarté cette perspective mais en suggérant que les avocats salariés d'entreprises non avocats aient l'obligation de travailler exclusivement pour leur employeur et n'aient pas le droit de plaider. Le CNB s'est divisé sur un projet de statut d'un avocat « en entreprise » qui risquait de mettre à mal le secret professionnel et qui n'a donc pas été adopté. Comme le remarque la Cour de justice de l'Union européenne, dont l'arrêt de septembre 2010 a pesé dans le débat, « l'exigence d'indépendance implique l'absence de tout rapport d'emploi entre l'avocat et son client ». Coincé entre ses obligations déontologiques et les exigences de son employeur non avocat, l'avocat salarié de son client risquerait fort d'oublier les premières pour satisfaire les secondes.

1 – La collaboration libérale

Selon l'article 14-1 du RIN, la collaboration libérale est « un mode d'exercice professionnel exclusif de tout lien de subordination, par lequel un avocat consacre une partie de son activité au cabinet d'un ou plusieurs avocats ». Le texte ajoute que « le collaborateur libéral peut compléter sa formation et peut constituer et développer une clientèle personnelle ». La qualification du contrat peut être contrôlée par le juge conformément au droit commun. Plusieurs contrats peuvent être cumulés, mais sur autorisation du bâtonnier qui aura recueilli toutes garanties sur les conditions d'exercice, d'indépendance et de confidentialité.

Si le critère de la collaboration libérale réside en la possibilité pour l'avocat collaborateur d'avoir une véritable clientèle personnelle vis-à-vis de laquelle il exerce en toute indépendance, le collaborateur, en tant qu'il collabore chez un autre avocat, lui doit, conformément au contrat établi entre eux, un temps de travail en contrepartie duquel il perçoit une rémunération en forme de rétrocession d'honoraires. S'il est totalement libre de son argumentation, il est cependant tenu de deux obligations : 1) indiquer en plus de son nom le nom de l'avocat pour lequel il agit (art. D. 132) ; 2) prévenir l'avocat envers qui il est lié, s'il entend développer une argumentation contraire à celle que développerait ce dernier (art. D. 130). Cette alerte doit permettre en pratique au « patron » de reprendre lui-même le dossier pour le conduire à sa guise ; elle justifie en tout cas, s'il laisse faire, qu'il soit civilement responsable des actes professionnels accomplis pour son compte par son collaborateur (art. D. 131). Même s'il n'a pas été alerté, le « patron » reste civilement responsable à l'égard de la victime ; pour la Cour de cassation, cette responsabilité n'est pas exclusive de celle du collaborateur. En cas de conflit entre patron et collaborateur libéral, le bâtonnier du barreau auquel appartient le collaborateur est d'abord investi d'une mission de conciliation ; si celle-ci échoue, il se transforme en arbitre de la difficulté depuis la loi du 12 mars 2009 ; la procédure prévue est la même que celle régissant les conflits entre avocat employeur et avocat salarié (*infra*).

La réforme du 17 octobre 1995 qui donne compétence au conseil de l'ordre du barreau auprès duquel le collaborateur est inscrit (art. D. 133), paraît confirmer les interprétations antérieures : le collaborateur libéral peut être inscrit dans un barreau différent de celui de son « patron », pour exercer par exemple au sein d'un bureau secondaire installé par ce dernier.

Le contrat de collaboration doit être écrit et préciser les modalités de la rémunération (loi 31 déc. 1971, art. 7). La loi ajoute qu'il ne peut comporter aucune stipulation limitant la liberté d'établissement ultérieure du collaborateur (v. aussi art. D. 133) et qu'il ne peut davantage porter atteinte aux règles déontologiques de la profession et notamment au respect des obligations en matière d'aide judiciaire et de commission d'office ou à la faculté pour le collaborateur de demander à être déchargé d'une mission considérée comme contraire à sa conscience ou susceptible de porter atteinte à son indépendance. Pour renfort de cette indépendance affirmée en dépit du *vinculum juris*, le décret du 17 octobre 1995 a interdit, contre la pratique précédente, de mentionner sur le tableau de l'ordre la qualité d'avocat collaborateur (art. D. 95-1).

Fidèle à l'article 7 de la loi, le décret invite le règlement intérieur à attirer l'attention des contractants sur la nécessité de clauses précisant la durée de la collaboration, les périodes d'activité ou de congés, les modalités de rétrocession, celles dans lesquelles l'avocat collaborateur peut satisfaire à sa clientèle personnelle, enfin les modalités de cessation de la collaboration ; il ajoute que le règlement intérieur peut comporter un barème des rétrocessions d'honoraires minimales (art. D. 129). On renverra à cet égard à l'article 14 du RIN.

C'est le conseil de l'ordre dont relève le collaborateur qui a charge, sous réserve d'appel devant la cour, d'examiner obligatoirement le contenu du contrat et sa conformité déontologique : le contrat ou l'acte qui le modifie doit donc lui être remis dans les 15 jours de sa date et le conseil dispose d'un mois pour mettre en demeure les signataires de modifier leur convention (art. D. 133). Sa décision peut être déférée à la cour dans les conditions prévues à l'article 13 du décret du 27 novembre 1991 (art. D. 135). Le procureur général peut demander communication du contrat de collaboration (art. D. 134).

Parmi les précisions qu'apporte le RIN par rapport à la loi et au décret, on mentionnera spécialement la prohibition des clauses faisant participer le collaborateur aux frais entraînés pour le cabinet par le développement de sa clientèle personnelle durant les cinq premières années de collaboration (art. 14.2), l'obligation pour le collaborateur de ne pas intervenir au titre de sa clientèle personnelle pour une partie ayant des intérêts contraires à ceux d'un client de son « patron » (art. 14.3), l'obligation pour l'ancien collaborateur dans les deux ans qui suivent la cessation du contrat de prévenir son ancien « patron » s'il doit prêter son concours à un client de ce dernier avec lequel il avait été mis en relation au temps de leur collaboration (art. 14.3) ; on signalera encore les obligations pour le « patron » : 1) de mettre à disposition de son collaborateur, dans des conditions normales d'utilisation, les moyens matériels nécessaires aux besoins de sa collaboration et au développement de sa clientèle personnelle ;

2) de dispenser au collaborateur la formation professionnelle et déontologique nécessaire, sans contrepartie financière ; 3) de lui faciliter l'acquisition d'une spécialisation ; 4) de maintenir pendant deux mois au plus au cours d'une même année civile la rémunération habituelle du collaborateur s'il est indisponible pour raison de santé médicalement constatée (art. 14.3). Le RIN prend par ailleurs position sur la clause de dédit-formation (art. 14.3) et sur les modalités de rupture, notamment en termes de préavis (art. 14.4).

Depuis 2011, les litiges nés à l'occasion d'un contrat de collaboration libérale sont, en l'absence de conciliation, soumis à l'arbitrage du bâtonnier à charge d'appel devant la cour (art. L. 7), par imitation de la procédure en vigueur depuis 1992 pour les litiges entre avocat salarié et avocat employeur.

2 – La collaboration salariée

Selon l'article 14-1 du RIN, le salariat est « un mode d'exercice professionnel dans lequel il n'existe de lien de subordination que pour la détermination des conditions de travail ». Mais le texte ajoute, reproduisant la loi (art. L. 7, § 4), que : « l'avocat salarié ne peut avoir de clientèle personnelle » ; il ne peut donc par exemple accepter d'être choisi personnellement par un client au titre de l'aide juridictionnelle. Peut-il pour autant échapper aux désignations et commissions d'office ? Le RIN ne l'entend pas. Ajoutant à la loi, dans un souci d'égalité des confrères devant une charge d'intérêt public, il permet à l'avocat salarié la clientèle personnelle « des missions d'aide juridique pour lesquelles il est désigné par le bâtonnier ». Cette interprétation peut se recommander de l'article 139 du décret qui invite le Conseil de l'ordre à vérifier que le contrat de travail ne limite pas les obligations professionnelles en matière d'aide juridictionnelle et de commission d'office. Mais qui est alors créancier de l'indemnité ? La jurisprudence opte pour l'employeur qu'elle considère désigné à travers son salarié. Le RIN en prend acte en précisant que le contrat de travail « peut prévoir » que les indemnités d'aide juridique seront versées au collaborateur salarié en supplément de sa rémunération (art. 14.3) ; elles sont donc acquises à l'employeur si le contrat ne dit rien, le principe restant que l'avocat salarié agit toujours pour son employeur, raison pour laquelle il doit aussi appartenir au même barreau que lui sauf jeu des sociétés inter-barreaux.

Mais comme il est avocat et que son employeur est lui aussi nécessairement avocat (salariat dit « interne » à la profession), il bénéficie dans l'exercice de ses missions d'une indépendance voulue par son serment ; il n'est assujetti à l'employeur que pour la détermination de ses conditions de travail. Cette dernière expression a cependant soulevé un problème d'interprétation en présence des clauses imposant à l'avocat salarié le contreseing ou le visa de l'employeur sur les actes ou correspondances rédigés. Les juges du fond y ont vu une atteinte à l'indépendance de l'avocat salarié, ce qui a provoqué un débat en doctrine. Le RIN admet que cette double signature ou ce visa puisse être convenus (art. 14.3).

La responsabilité de l'avocat employeur du fait de l'avocat salarié (art. D. 138) est-elle exclusive de celle de ce dernier ? On pourrait le soutenir par transposition mécanique de la jurisprudence *Costedoat* chaque fois que le collaborateur salarié est resté dans les limites de sa mission. Mais des arrêts ont réservé un sort différent au préposé bénéficiant d'une certaine indépendance, ce qui est bien le cas de l'avocat salarié : celui-ci en effet, comme le collaborateur libéral, reste maître de son argumentation, à charge seulement d'en prévenir son employeur. Il doit donc demeurer personnellement responsable. Quel que soit son statut, un avocat ne saurait être immunisé de ses fautes à l'égard des victimes de son erreur ou de sa négligence.

Comme le contrat de collaboration, le contrat de travail doit être écrit et préciser les modalités de la rémunération (art. L. 7, al. 2) ; lui non plus ne peut comporter aucune stipulation limitant la liberté d'établissement ultérieure du salarié (art. L. 7 et D. 139) ; la Cour de cassation a ainsi condamné la clause de non-rétablissement qui figurait naguère dans la convention collective des conseils juridiques et était systématiquement reproduite dans les contrats d'embauche. Le contrat de travail ne peut davantage porter atteinte aux règles déontologiques et notamment au respect des obligations en matière d'aide judiciaire et de commission d'office ou à la faculté pour le salarié de demander à être déchargé d'une mission considérée comme contraire à sa conscience ou susceptible de porter atteinte à son indépendance (mêmes textes). Pour renfort de cette indépendance affirmée en dépit du lien de subordination, le décret du 17 octobre 1995 a interdit, comme on l'a vu pour les collaborateurs, de mentionner sur le tableau de l'ordre la qualité d'avocat salarié (art. D. 95-1).

C'est également le conseil de l'ordre dont relève le salarié qui a charge, sous réserve d'appel devant la cour, d'examiner le contenu des contrats et sa conformité déontologique : les règles posées (art. D. 139, 140 et 141) sont identiques dans leur teneur à celles vues pour le contrat de collaboration libérale.

Le RIN ici encore détaille la structure du contrat (art. 14.2) et les obligations réciproques des parties.

Les litiges entre employeur et salarié, qu'ils portent sur le contrat de travail ou l'éventuelle convention de rupture, sont, selon l'article 7 de la loi, « soumis à l'arbitrage du bâtonnier, à charge d'appel devant la cour d'appel siégeant en chambre du conseil ». Le législateur a voulu déroger à la compétence du conseil de prud'hommes et de la chambre sociale de la Cour. Le bâtonnier compétent est celui de l'avocat salarié, solution expressément indiquée depuis 1995 par le décret (art. D. 142), mais déjà retenue auparavant par la jurisprudence. Les articles 142 à 153 du décret, partiellement modifiés en décembre 2009, précisent la procédure à suivre devant le bâtonnier et ses pouvoirs ; ceux repris à l'article 148 sont inspirés du référé. La décision du bâtonnier peut même être exécutoire de droit dans l'hypothèse reprise à l'article 153, premier alinéa ; ailleurs et sauf appel, elle doit recevoir l'*exequatur* par le président du tribunal de grande instance.

Section 2
L'avocat étranger

Les avocats inscrits auprès d'un barreau étranger peuvent vouloir exercer en France, soit pour s'y établir durablement, soit pour y assurer une prestation ponctuelle. Les deux situations doivent être traitées distinctement.

I – L'établissement en France

Comme nous l'avons vu, la nationalité française n'est plus aujourd'hui une condition obligée de l'inscription dans un barreau français. Un étranger peut donc s'établir en France aux conditions du droit commun, mais il peut être tenu compte du fait qu'il est déjà avocat à l'étranger. Deux cas sont à distinguer selon que l'impétrant est ou non ressortissant d'un ensemble que l'on qualifiera *brevitatis causa* « européen » dans les lignes qui suivent et qui regroupe exactement les États membres de l'Union européenne, les autres États parties à l'accord sur l'Espace économique européen (Bulgarie, Roumanie, Islande, Liechtenstein et Norvège), enfin la Confédération suisse.

A – L'avocat ressortissant « européen »

Pour accélérer la mise en œuvre du principe de libre installation prévu par l'article 52 du traité de Rome, les États de l'Union, ont accepté une directive 89/48 du 21 décembre 1988 sur la reconnaissance mutuelle des diplômes nationaux de type « bac + 3 », aujourd'hui substituée par la directive 2005/36 du Parlement et du Conseil du 7 septembre 2005 relative à la reconnaissance des qualifications professionnelles. Normalement l'impétrant devrait être soumis aux conditions de droit commun exigées d'un impétrant français, c'est-à-dire justifier de la possession de la maîtrise en droit et du CAPA. Mais s'agissant des ressortissants « européens », les textes assimilent à la maîtrise les formations équivalentes délivrées dans l'un des États de l'ensemble européen ou reconnues par lui. Surtout ils évincent le CAPA proprement dit pour le remplacer par un examen spécial d'aptitude. En France, c'est le CNB qui arrête la liste des personnes qui, satisfaisant aux critères de l'article D. 99, ont à passer cet examen subi devant un jury composé comme celui du CAPA et pour lequel seuls les centres de formation professionnelle de Paris et de Versailles sont dorénavant exclusivement compétents. Cet examen ne peut être tenté plus de trois fois.

Comme il décourage malgré tout dans de nombreux États membres des avocats ayant déjà une expérience professionnelle, une nouvelle directive a été adoptée, spécifique à la profession : la directive 98/5 du 16 février 1998.

Ce nouveau texte prévoit la possibilité pour un avocat « européen » de s'établir dans un autre État membre de l'Union européenne, sous son titre d'origine et sans limitation de durée (*foreign legal consultant*). Cet avocat devra s'inscrire auprès d'un barreau de l'État d'accueil et en respecter les règles et la déontologie, indépendamment des règles professionnelles de son État d'origine. Son activité de conseil sera libre ; en revanche son activité de représentation en justice sera restreinte par la nécessité d'agir « de concert » avec un avocat local si le droit de l'État d'accueil le prévoit.

Mais l'avocat « européen » peut aussi demander à obtenir le titre de l'État membre d'accueil auquel cas, et sans perdre son titre d'origine, il sera alors complètement assimilé à un avocat national. Cette « naturalisation » connaît trois voies :

– elle peut être obtenue à tout moment en passant le test d'aptitude de la directive 2005/36 précitée ;

– elle peut intervenir après 3 années de pratique effective dans l'État d'accueil du droit de cet État ; l'autorité compétente vérifie par un entretien ou un échange de correspondance la réalité de cette pratique ;

– elle peut intervenir après 3 années de pratique effective du droit dans l'État d'accueil, alors que le droit de cet État n'y a été lui-même pratiqué que pendant une durée moindre ; l'impétrant doit alors justifier de sa connaissance et de son expérience du droit local, ce que l'autorité compétente vérifie au cours d'un entretien.

Des dispositions particulières sont prévues pour les groupes : notamment l'État d'accueil peut exclure les groupes contrôlés majoritairement par des personnes n'ayant pas la qualité d'avocat.

La loi du 11 février 2004 a assuré la transposition de cette directive dans notre droit interne. Désormais tout ressortissant « européen » peut exercer en France la profession d'avocat à titre permanent sous son titre professionnel d'origine, si ce titre figure sur une liste établie par décret (art. L. 83 et D. 201). Cet avocat est inscrit sur une liste spéciale du tableau du barreau français de son choix, sur production d'une attestation délivrée par son barreau d'origine ; il fait partie du barreau d'accueil et participe aux élections de ce barreau ainsi qu'à l'élection des membres du Conseil national des barreaux (art. L. 84, al. 1 et 2). Le titre professionnel de cet avocat étranger doit être son titre professionnel d'origine, toujours mentionné dans la ou l'une des langues officielles de l'État membre où il a été acquis et suivi tant de l'indication de l'organisation professionnelle dont l'intéressé relève ou de la juridiction auprès de laquelle il est inscrit dans l'État où le titre a été acquis que de celle du barreau français auprès duquel il est inscrit (art. L. 85). Cet avocat doit justifier des assurances obligatoires prévues par l'article L. 27, mais elles peuvent être contractées dans l'État d'origine, sauf à les compléter en France si elles sont insuffisantes (art. L. 86).

Demeurant membre de son barreau d'origine, cet avocat reste soumis à sa discipline. S'il perd temporairement ou définitivement son droit d'exercer dans son État d'origine, cette sanction entraîne le retrait temporaire ou définitif du droit d'exercer en France, auquel cas le conseil de l'ordre français est compétent pour prendre la décision tirant les conséquences de celle prononcée à l'étranger (art. L. 84, al. 3). Mais, pour son activité en France, il est également soumis au contrôle de son barreau français ; le bâtonnier de ce barreau est seulement tenu, avant l'engagement des poursuites disciplinaires, d'informer l'autorité compétente de l'État membre où l'intéressé est inscrit, qui doit être mise en mesure de formuler ses observations écrites à ce stade et lors du déroulement, le cas échéant, de la procédure disciplinaire (art. L. 88). Les modalités de cette communication entre les deux barreaux sont précisées par le décret de 1991 modifié (art. D. 203-1).

L'avocat inscrit sous son titre d'origine peut exercer à titre individuel ou en groupe, selon les modalités admises en France par les articles L. 7 et 8. Mais il peut aussi, après en avoir informé le conseil de l'ordre, exercer au sein d'un groupement d'exercice régi par le droit de l'État membre où le titre a été acquis, mais aux conditions fixées par l'article L. 87. À défaut d'une seule de ces conditions, l'avocat ne peut exercer que selon les modalités françaises, sauf à pouvoir signaler la dénomination du groupement au sein duquel il exerce dans son État d'origine. Un décret en Conseil d'État précisera les conditions sous lesquelles cet avocat pourra exercer en France au sein d'un groupement régi par le droit de son État d'origine et ayant pour objet l'exercice en commun de plusieurs professions libérales à statut réglementé ou titre protégé (art. L. 87, dernier alinéa).

L'avocat exerçant sous un titre professionnel d'origine qui justifie d'une activité effective et régulière sur le territoire national d'une durée au moins égale à trois ans en droit français, peut demander son intégration au barreau français ; il acquiert alors le titre français d'avocat au barreau de... porté par les avocats nationaux et est inscrit au tableau après avoir prêté le serment prévu pour les avocats français par l'article L. 3. Cet avocat doit justifier en présentant sa demande de la pratique du droit français pendant 3 ans auquel cas il est dispensé des conditions résultant des dispositions prises pour l'application de la directive relative à la reconnaissance des diplômes, en clair l'examen d'aptitude de l'article 99. On remarquera à tout le moins que l'exercice du droit français en France durant 3 ans exigé suppose en pratique la maîtrise de la langue française. Si l'impétrant justifie d'une activité effective et régulière sur le territoire national d'une durée au moins égale à trois ans, mais d'une durée moindre en droit français, le conseil de l'ordre est alors libre d'apprécier le caractère effectif et régulier de l'activité ainsi que la capacité de l'intéressé à poursuivre celle-ci (art. L. 89 et 90). Lors de l'examen de la demande, le conseil de l'ordre assure le secret des informations concernant l'impétrant. S'il satisfait à la condition de pratique exigée, sa demande ne peut être rejetée que s'il ne remplit pas les conditions d'honorabilité requises par les 4°, 5° et 6° de l'article L. 11 ou s'il se trouve en situation d'incompatibilité ou s'il y a atteinte à l'ordre public (art. L. 90, al. 1 et 2). Inscrit au barreau français, l'intéressé prête alors le serment de l'article L. 3 et peut faire suivre son nouveau titre français de son titre professionnel d'origine selon les mêmes modalités que celles imposées à l'avocat étranger exerçant sous son titre étranger.

Exerçant sous son titre d'origine ou sous le titre français, l'avocat de nationalité étrangère ne peut cependant jamais compléter une juridiction française à la différence de l'avocat de nationalité française (art. L. 91).

B – L'avocat non ressortissant « européen »

Ainsi qu'on l'a vu, la nationalité étrangère n'est pas un obstacle à l'inscription en France. Les réfugiés et apatrides peuvent solliciter leur admission dans un barreau français ; les ressortissants des États extérieurs à l'Union européenne ou à l'Espace économique européen le peuvent aussi dans le cadre de la réciprocité. Celle-ci n'est pas la réciprocité juridique découlant d'une convention internationale, concept d'application difficile aux unités territoriales membres d'un État fédéral ; elle est une réciprocité de pur fait qui peut jouer par exemple au bénéfice d'avocats américains relevant de l'un des 50 États de l'Union si cet État fédéré accorde aux Français le même traitement.

En principe les candidats sont soumis aux exigences ordinaires de diplômes ; ils doivent donc posséder la maîtrise et le CAPA français. Mais l'article 11 de la loi du 31 décembre 1971 envisage le cas où ces candidats seraient déjà avocats à l'étranger. En ce cas, il leur suffit de passer à Paris ou à Versailles, selon leur choix, un examen de contrôle de leurs connaissances en droit français devant un jury composé comme celui du CAPA. Cet examen est également imposé aux ressortissants « européens » lorsque leur qualité d'avocat acquise à l'étranger l'a été dans un État n'appartenant ni à l'Union européenne, ni à l'Espace économique européen, ni à la Confédération suisse et qu'ils ne peuvent bénéficier de la directive 2005/36/CE. Précisé et réglementé par l'article D. 100 du décret, cet examen ne se confond pas avec celui de l'article 99 : si c'est bien le CNB qui admet le candidat à subir l'examen et qui, au vu des travaux universitaires ou scientifiques du candidat, décide de le dispenser de telle ou telle épreuve ou même estime, au vu de la formation ou de l'expérience professionnelle du candidat, que la vérification est globalement inutile, il n'est pas parlé ici d'aptitude, mais de connaissance du droit français.

La jurisprudence s'est montrée stricte ; cet examen spécial ne peut bénéficier qu'aux avocats de plein exercice et non pas aux avocats stagiaires. Nul ne peut le passer plus de trois fois.

II – La prestation de service en France

Sans vouloir s'installer durablement en France, un avocat étranger peut souhaiter y accomplir ponctuellement un acte de sa profession. L'hypothèse est prévue par les articles 200 à 202-3 du décret, mais dans le seul cadre de l'Union européenne et de la Confédération suisse.

A – L'avocat ressortissant « européen »

Le traité de Rome instituant la libre prestation de service, une directive du Conseil en date du 22 mars 1977 (directive 77/249) s'est très tôt imposée. Elle oblige chaque État membre à reconnaître comme avocat les personnes habilitées à exercer cette profession dans l'un quelconque des autres États membres. L'avocat qui se rend ainsi hors de son territoire doit faire usage de son titre dans la ou l'une des langues de son État de provenance. Pour l'exercice de ses activités de représentation ou de défense en justice, il se soumet aux règles professionnelles de l'État d'accueil sans préjudice de ses obligations au regard de son propre droit. L'État d'accueil peut, pour ces mêmes activités, lui imposer d'être préalablement introduit auprès du président de la juridiction et du bâtonnier local et d'agir « de concert » avec un avocat du cru qui sera responsable s'il y a lieu à l'égard de la juridiction. Pour les activités autres que la représentation ou la défense en justice, la directive renverse la situation : l'avocat reste soumis à sa réglementation d'origine, mais sans préjudice du respect de certaines règles de l'État d'accueil indispensables à l'exercice correct de l'activité, la dignité de la profession et le respect des incompatibilités.

Les articles D. 200 à 202-3 intègrent cette directive dont profitent également les ressortissants des autres États parties à l'accord sur l'Espace économique européen et de la Confédération suisse : les avocats, établis à titre permanent dans l'un des autres États de cet ensemble, peuvent venir exercer occasionnellement en France, dès lors que leur activité n'empiète pas sur le monopole des officiers publics ou ministériels. Ils utilisent leur titre d'origine et doivent pouvoir en justifier à toute réquisition du procureur général, du bâtonnier, du président de la juridiction ou du représentant de l'autorité publique devant lequel ils se présentent.

Par principe ces avocats doivent respecter les règles françaises, quelquefois amodiées à leur bénéfice, s'il s'agit de représenter ou défendre un client en justice : ainsi doivent-ils saluer le président et le représentant du ministère public avant l'audience ou encore se présenter au bâtonnier et au confrère plaidant pour l'adversaire. Ainsi leur faut-il, dans les procédures à représentation obligatoire devant le tribunal de grande instance ou devant la cour d'appel, non pas prendre un postulant, mais simplement *élire domicile* chez un confrère du ressort auquel les actes de la procédure seront valablement notifiés ; leur assignation ou leur constitution en défense est alors accompagnée d'un document signé par ce confrère attestant l'existence d'une convention autorisant l'élection de domicile en son cabinet pour l'instance considérée. Cette convention peut être dénoncée à tout moment sous réserve qu'un autre avocat local ait été désigné par l'avocat prestataire de services.

Pour leurs autres activités, par ex. consultation ou rédaction d'actes, les avocats étrangers restent soumis à leur réglementation d'origine, mais certaines règles françaises s'imposent complémentairement à eux : secret professionnel, confraternité, obligations en matière de publicité, impossibilité d'assister des parties ayant des intérêts opposés.

Comme on y reviendra, tout manquement déontologique commis en France peut être sanctionné. Conformément à la directive, l'article D. 202-3 implique la compétence de l'autorité disciplinaire française qui, après avoir demandé à l'autorité compétente de l'État étranger communication des renseignements professionnels utiles concernant l'intéressé, peut prononcer une interdiction provisoire ou définitive d'exercice en France. La décision prise est transmise pour information à l'autorité de l'État d'origine. Quoique le texte ne le précise point expressément, on ne voit pas d'autre instance territorialement compétente que celle du lieu du délit. Celle-ci n'a pourtant aucune autorité « naturelle » sur un avocat qui par hypothèse n'est inscrit que dans son État d'origine ; c'est le seul cas où une juridiction disciplinaire peut sanctionner un avocat qui lui est extérieur. La règle est voulue pour rassurer le client français qui pourrait douter de l'efficacité d'une plainte disciplinaire à l'étranger.

La frontière entre installation et prestation de service n'est pas toujours facile à appréhender. Sous prétexte d'activités occasionnelles, certains confrères s'installent matériellement sans cependant s'inscrire. En théorie ils doivent utiliser leur titre d'origine dans leur langue. Mais la règle n'est pas toujours respectée. Ils prennent alors l'apparence d'un avocat juridiquement installé en France, alors qu'ils ne le sont pas réellement. Dans un arrêt du 30 mai 1989 (*Commission c/ Grèce*), la Cour de justice de Luxembourg, voulant censurer les États subordonnant les acquisitions immobilières à des conditions non prévues pour les nationaux, a malheureusement encouragé cette confusion en admettant qu'on pouvait avoir une infrastructure pour l'exercice effectif de la liberté de la prestation de service. Un arrêt du 30 novembre 1995 (aff. *Gebhard*) s'est donc efforcé d'atténuer la difficulté : un avocat prestataire de services ne peut se doter d'une infrastructure que « dans la mesure où celle-ci est nécessaire aux fins de l'accomplissement de la prestation en cause ». Il n'empêche que certains justiciables peuvent encore se méprendre.

B – L'avocat non ressortissant « européen »

Les textes n'évoquent ce *penitus extraneum* que pour poser les conditions de son inscription au barreau français (art. L. 11, dernier alinéa). Il n'est donc pas question de son intervention occasionnelle en France et d'ailleurs, ainsi que nous venons de le voir, les articles D. 200 à 202-3 n'envisagent pas cette hypothèse. Il en résulte que l'avocat étranger non « européen » ne peut normalement accomplir en France un acte de sa profession et qu'il est totalement exclu de pouvoir y mener contre lui une procédure disciplinaire.

La réalité est cependant plus nuancée. Ainsi là où le droit français permet à un justiciable d'être assisté ou représenté par tout mandataire de son choix (ex. tribunal de commerce, juridiction arbitrale), rien n'interdit évidemment de donner mandat spécial à un avocat étranger qui sera traité par la juridiction, non comme avocat, mais comme mandataire ordinaire. Surtout la loi française ne réglemente la consultation en matière juridique et la rédaction d'actes sous seing privé (titre II de la loi du 31 déc. 1971, rédaction de la loi du 31 déc. 1990) qu'à l'égard de ceux qui pratiquent ces activités « à titre habituel ». Rien n'empêche donc un avocat étranger d'accomplir en France une prestation dans le domaine extrajudiciaire pourvu qu'elle soit réellement exceptionnelle ; s'il y avait habitude, les sanctions pénales prévues à l'article 72 de la loi seraient encourues. En toute hypothèse toute plainte disciplinaire ne pourrait prospérer que devant l'autorité professionnelle de l'État d'origine.

Lire aussi

- Pertek, « Nouvelle étape vers l'Europe des avocats : la directive CE n° 98-5 du 16 février 1998 sur l'exercice permanent dans un autre État membre », *D.* 1998. Chron. 285 – *Les avocats en Europe*, LGDJ, 2000
- Renaux-Personnic, *L'avocat salarié : entre indépendance et subordination*, Presses universitaires d'Aix-Marseille, 1998
- Couard, « Le statut de l'avocat honoraire : réflexions à propos d'un arrêt récent de la Cour de cassation », *Gaz. Pal.* 2006, jur. 4004 s.

comme avocat, mais comme mandataire ordinaire. Surtout la loi française ne réglemente la consultation en matière juridique et la rédaction d'actes sous seing privé (titre II de la loi du 31 déc. 1971, rédaction de la loi du 31 déc. 1990) qu'à l'égard de ceux qui pratiquent ces activités « à titre habituel ». Rien n'empêche donc un avocat étranger d'accomplir en France une prestation dans le domaine extrajudiciaire pourvu qu'elle soit réellement exceptionnelle ; s'il y avait habitude, les sanctions pénales prévues à l'article 72 de la loi seraient encourues. En toute hypothèse toute plainte disciplinaire ne pourrait prospérer que devant l'autorité professionnelle de l'État d'origine.

Lire aussi

- Pertek, « Nouvelle étape vers l'Europe des avocats : la directive CE n° 98-5 du 16 février 1998 sur l'exercice permanent dans un autre État membre », *D.* 1998. Chron. 283 – *Les avocats en Europe,* LGDJ, 2000
- Renaux-Personnic, *L'avocat salarié : entre indépendance et subordination,* Presses universitaires d'Aix-Marseille, 1998
- Couard, « Le statut de l'avocat honoraire : réflexions à propos d'un arrêt récent de la Cour de cassation », *Gaz. Pal.* 2006, jur. 4004 s.

Chapitre 2
Les activités

Soumis à la déontologie du barreau, les avocats le sont-ils seulement pour l'accomplissement de leurs activités spécifiques ? La réponse est résolument négative. La déontologie embrasse l'ensemble des activités professionnelles de l'avocat (section 1), mais elle concerne aussi ses activités extraprofessionnelles (section 2).

Section 1
Les activités professionnelles

L'article 3 de la loi du 31 décembre 1971 définit l'avocat comme un auxiliaire de justice. L'expression est ambivalente puisque l'avocat peut apporter tour à tour son secours (*auxilium*) aux clients qu'il assiste (I) ou représente (II) et/ou au juge lui-même (III).

I – La mission d'assistance

Selon l'article 6 du décret du 12 juillet 2005, la profession d'avocat concourt à l'accès à la justice et au droit. L'assistance de l'avocat peut en effet être requise dans le cadre d'un procès ou en dehors de toute instance judiciaire.

A – L'assistance en justice

C'est la mission traditionnelle par excellence, celle que le grand public connaît le mieux. Elle emporte, selon la définition qu'en donne l'article 412 du Code de procédure civile « pouvoir et devoir de conseiller la partie et de présenter sa défense sans l'obliger ». Physiquement, l'avocat est présent au côté de son client, pour le rassurer (ex. audition par le juge d'instruction) ou pour le défendre (ex. réunion d'expertise, comparution en correctionnelle). L'expression suprême de ce ministère est la plaidoirie, cette activité dont Jean-Denis Bredin note malicieusement qu'elle obnubile l'avocat au point de plaider déjà dans sa voiture en allant au palais, et de replaider au retour en pensant à ce qu'il a dit ou à ce qu'il aurait pu dire.

Juridiquement cette mission a pour support juridique un contrat dont la loi tait le nom et qu'on apparente usuellement au louage d'ouvrage :

– contrat en effet puisque par principe, et même dorénavant dans le cadre de l'aide juridictionnelle, la relation établie entre le client et l'avocat résulte d'un libre choix mutuel ;

– contrat apparenté au louage d'ouvrage puisque la prestation tout intellectuelle et humaine de l'avocat est conduite en toute indépendance à l'égard du client et sans aucune subordination.

Sous réserve des dispositions propres à la Cour de cassation, l'avocat peut exercer sa mission d'assistance devant toutes les juridictions et organismes juridictionnels ou disciplinaires, sans aucune limitation territoriale. Un avocat marseillais peut ainsi plaider à Lille ou un parisien à Bordeaux.

L'avocat dispose du monopole de la plaidoirie devant les tribunaux de grande instance, les cours d'appel, les tribunaux répressifs et les tribunaux administratifs, sous la seule réserve du droit reconnu aux parties de se défendre elles-mêmes avec l'autorisation du président. Aucun monopole n'existe en revanche devant les tribunaux d'instance, les tribunaux de commerce et les juridictions paritaires ou sociales : au gré des textes les justiciables peuvent s'y faire assister par leur famille, leur personnel ou leur syndicat.

B – L'assistance hors du procès

L'avocat n'a jamais été cantonné au palais. Seule profession longtemps à garantir au public que ses membres étaient au minimum maîtres en droit, les avocats avaient toute compétence scientifique et toute permission déontologique de consulter ou de conseiller. Des consultations gratuites pour les indigents étaient d'ailleurs assurées au siècle dernier avant même toute création d'un système d'assistance judiciaire. Le public a cependant largement négligé de recourir aux conseils préventifs des avocats qui n'étaient consultés qu'une fois le litige révélé. Eux-mêmes aussi ont longtemps dédaigné de se mettre à disposition du monde des entreprises pour bâtir des contrats, constituer des sociétés, assurer le montage juridique des opérations que nécessite la vie des affaires. Une profession parallèle, celle de conseil juridique, s'est ainsi constituée avec d'autant plus de facilité qu'elle était initialement ignorée des textes. La loi de 1971 a protégé le titre et imposé un statut qui a permis à cette profession d'acquérir une réputation de sérieux et d'efficacité dans le domaine du conseil aux entreprises, qu'il s'agisse du droit social, du droit fiscal ou du droit des sociétés. Déplorant une dualité dont la France avait l'exclusivité, les pouvoirs publics ont souhaité réunir les professions d'avocat et de conseil juridique. Ainsi qu'on l'a dit, tel a été l'objectif de la grande fusion réalisée par la loi du 31 décembre 1990.

L'avocat peut donc, sous réserve de dispositions textuelles contraires, assister ses clients devant les administrations publiques, par exemple l'administration fiscale, ou toute personne chargée d'une délégation de service public ou encore à l'occasion de la réunion d'une assemblée délibérative ou d'un organe collégial. Il peut aussi assister son client pour toute mise au point d'une transaction, par ex. discuter avec un inspecteur d'une compagnie d'assurances de l'indemnisation transactionnelle d'une victime d'accident ; la loi du 5 juillet 1985 fait d'ailleurs obligation aux compagnies, à l'occasion de leur premier contact avec la victime, de rappeler que celle-ci peut demander l'intervention d'un conseil. Il peut même, depuis 2009, exercer une activité de fiduciaire ou de correspondant à la protection des données personnelles (art. 6-5 et 3-3 du RIN). La loi du 22 décembre 2010 lui a aussi donné le monopole de l'assistance des parties dans le cadre de la convention de procédure participative établie par les articles 2062 et suivants du Code civil. Surtout il peut développer, mais ici sans le monopole dont avait rêvé la profession à l'aube de la réforme de 1990 (v. L. 31 déc. 1971, modif., art. 56 à 65 spécialement), une activité de conseil ou de rédacteur d'actes.

1 – Le conseil

L'idée d'assistance, déjà rencontrée en matière judiciaire, implique plus généralement que l'avocat mette au profit d'autrui sa compétence et son expérience. L'avocat peut donc consulter ou conseiller, par oral ou par écrit, et on ne s'adresse jamais trop tôt à lui si l'on veut prévenir une difficulté ou un litige. Certains avocats limitent d'ailleurs leur activité à ce rôle préventif. La prestation peut même être fournie « en ligne » et l'avocat devenir prestataire de services d'un site internet, aux conditions précisées par l'article 19 du RIN, sans préjudice des contraintes résultant de l'article 19 de la loi du 21 juin 2004 pour la confiance dans l'économie numérique.

2 – La rédaction d'actes

L'avocat a toute latitude de rédiger pour autrui des actes sous seing privé ; les diplômes qu'il possède et les assurances qui le couvrent obligatoirement lui permettent de remplir de plein droit les conditions imposées par le titre II de la loi du

31 décembre 1971 issu de la réforme du 31 décembre 1990. Qu'il s'agisse de contrats de travail, de baux, de location-gérance, de statuts de société…, l'avocat peut prêter sa plume dans le cadre toujours de l'assistance qu'il porte à ses clients. Dans la suite des travaux de la Commission Darrois, la loi de modernisation des professions judiciaires et juridiques du 28 mars 2011 consacre l'acte contresigné par avocat. Celui-ci fait pleine foi de l'écriture et de la signature des parties ; sauf texte expressément contraire, celles-ci sont dispensées des mentions manuscrites usuellement requises ; enfin le contreseing apposé par l'avocat atteste du conseil qu'il leur a donné sur les conséquences juridiques de leur acte.

Sa mission naturelle de conciliation peut aussi faire de l'avocat l'auteur d'un projet de transaction. L'article 7.1 du RIN invite cependant à bien distinguer selon que l'avocat ne fait que rédiger un projet dont la signature intervient hors de sa présence, auquel cas ce simple fait ne fait pas présumer sa qualité de rédacteur, ou qu'il recueille la signature des parties sur le texte qu'il a élaboré, seul ou avec d'autres, auquel cas il a bien la qualité de rédacteur. Mais la Cour de cassation préfère ignorer cette distinction et traiter comme rédacteur tout avocat qui élabore un projet d'acte, même s'il doit être signé hors sa présence.

Comme la consultation, la rédaction d'actes s'inscrit pour l'avocat dans le cadre du contrat passé avec son client. Débiteur d'une obligation de conseil, il lui doit aussi une diligence particulière puisqu'il doit veiller à la parfaite régularité et à la meilleure efficacité de l'acte ; en contrepartie il est créancier d'une rétribution qui correspond à l'honoraire convenu.

La rédaction de l'acte s'accompagne souvent de l'accomplissement de démarches que le client préfère laisser à l'avocat ; ainsi les formalités au registre du commerce. C'est alors d'un mandat qu'il s'agit car l'avocat peut aussi être représentant de son client.

II – La mission de représentation

L'avocat peut être mandataire de son client : mandataire ordinaire s'il ne s'agit pas d'une représentation en justice, mandataire *ad litem* au cas contraire.

A – La représentation en justice

L'avocat a qualité pour représenter son client devant les tribunaux, lorsque la loi n'impose pas la comparution personnelle du justiciable. Ce n'est plus alors un louage d'ouvrage, mais bien un mandat qui caractérise juridiquement la prestation de l'avocat. Ce mandat *ad litem* emporte pouvoir et devoir d'accomplir au nom du mandant les actes de la procédure. Selon l'article 417 du Code de procédure civile, il inclut nécessairement vis-à-vis du juge et de l'autre partie le pouvoir spécial de faire ou accepter un désistement, d'acquiescer, de faire, accepter ou donner des offres, un aveu ou un consentement. Le client se trouve donc obligé par les initiatives de l'avocat qui le représente, sauf à mettre en jeu la responsabilité de celui-ci s'il a dépassé les limites de son mandat réel. Les règles du mandat *ad litem* ne sont pas toutes identiques selon la juridiction en cause, le tribunal de grande instance et la cour d'appel devant être mis à part des autres juridictions.

1 – Devant le tribunal de grande instance

Jusqu'à la réforme du 31 décembre 1971, la représentation des parties devant le tribunal de grande instance – encore appelée postulation – était le monopole des avoués de première instance. L'avocat n'avait donc aucune qualité pour intervenir devant cette juridiction en tant que mandataire. Il y plaidait seulement dans le cadre de sa mission d'assistance. La fusion des professions d'avocat et d'avoué de grande instance a conduit à confier à l'avocat depuis le 16 septembre 1972 la mission et le monopole de la postulation. Reprises à cette époque du droit antérieurement applicable aux avoués, les règles de la postulation étaient originales sur deux points essentiels : la territorialité et la rémunération.

– Alors qu'il pouvait plaider partout en France, l'avocat ne pouvait postuler que devant le tribunal de grande instance de son barreau. Ainsi par exemple un avocat toulousain pressenti pour défendre un client devant le tribunal de grande instance de Bordeaux devait prendre un confrère bordelais pour assurer la postulation ; il y avait alors deux avocats pour le même dossier : un postulant et un plaidant. Ce n'est que de façon exceptionnelle et pour une meilleure administration de la justice qu'il était dérogé à cette règle : ainsi en région parisienne où un régime de multipostulation existait dans le ressort de l'ancien tribunal de la Seine (L. 31 déc. 1971, art. 1-III).

– Alors que la plaidoirie était rémunérée par des honoraires librement convenus, la postulation était rémunérée par un tarif officiel, fixé réglementairement, repris de l'ancien barème des avoués établi par le décret du 2 avril 1960 pratiquement inchangé. Ce tarif déterminait le montant des émoluments alloués à l'avocat, lesquels étaient repris dans les dépens.

La loi du 6 août 2015 dite loi *Macron* a largement modifié ces règles.

– Depuis le 1er août 2016, la territorialité subsiste, mais dans un cadre nettement élargi puisque dorénavant et sous réserve d'un régime encore plus souple en région parisienne, l'avocat peut postuler devant n'importe quel tribunal de grande instance du ressort de sa cour d'appel ; des limitations sont toutefois posées : d'une part le maintien de la territorialité ancienne pour les procédures de saisies immobilières, de partage et de licitation ; d'autre part l'impossibilité de postuler devant un tribunal autre que celui de son barreau, si c'est au titre de l'aide judiciaire ou sans assurer soi-même la plaidoirie.

– De son côté, le tarif de la postulation a disparu : l'avocat est dorénavant rémunéré par des honoraires de postulation fixés en accord avec le client. C'est seulement en matière de saisie immobilière, de partage, de licitation et de sûretés judiciaires, que subsistent des « droits et émoluments » fixés réglementairement en application des art. L 444-1 et s. du Code de commerce.

Le mandat de représentation en justice emportant sauf disposition ou convention contraire mission d'assistance (art. 413 C. pr. civ.), l'avocat postule et plaide ordinairement, auquel cas bien sûr la rétribution de son activité cumule honoraires de postulation et honoraires d'assistance. Rien n'interdit cependant de continuer à faire intervenir deux avocats pour un même dossier : l'avocat local qui sera postulant et un avocat extérieur qui sera plaidant.

2 – Devant les cours d'appel

Depuis le 1er janvier 2012, date de la suppression de la profession d'avoué près la cour, l'avocat est devenu le représentant obligé des parties devant la cour d'appel dans les procédures avec représentation obligatoire. Ce mandat est territorial puisque le représentant doit être membre d'un barreau institué dans le ressort de la cour. Les textes d'application n'ont pas prévu en revanche la reprise par les avocats du tarif de postulation des avoués d'appel ; la rémunération de cette représentation obligatoire relève de l'honoraire de droit commun.

3 – Devant les autres juridictions

Avant 1972, l'avocat pouvait déjà représenter ses clients devant les juridictions d'exception : tribunal d'instance ou de commerce par exemple. Il le peut aujourd'hui de manière générale devant toute juridiction civile, hormis la Cour de cassation dans les matières où la représentation est le monopole des avocats au Conseil d'État et à la Cour de cassation – officiers ministériels dont le statut n'est pas remis en cause.

Cette représentation qui inclut aussi l'assistance sauf convention contraire, redevient ici extraterritoriale : un avocat douaisien peut être mandataire de son client auprès du tribunal de commerce de Carcassonne. Elle ne fait pour les avocats l'objet d'aucun monopole ; pas davantage elle ne donne lieu à tarification réglementaire, en sorte qu'elle se trouve rémunérée comme l'assistance par les honoraires convenus.

En matière civile, l'avocat est dispensé de justifier qu'il a reçu pouvoir (art. 416 C. pr. civ.). Selon la formule consacrée, il est cru sur parole. Il en va de même en matière pénale, tant pour l'avocat de la partie civile que pour celui du prévenu, la jurisprudence décidant dorénavant que le droit au procès équitable et le droit de tout accusé à l'assistance d'un défenseur s'opposent à ce que la juridiction juge un prévenu non comparant et non excusé sans entendre l'avocat présent à l'audience pour assurer sa défense. L'avocat n'a pas non plus à fournir une procuration écrite et spéciale le désignant lorsqu'il relève appel d'un jugement correctionnel ou de police au nom de son client. En revanche, certaines diligences spéciales nécessitent la production d'un pouvoir particulier : ainsi par exemple en matière correctionnelle une déclaration de pourvoi en cassation. Il faut rappeler par ailleurs que l'avocat ne peut accéder au dossier d'instruction sans que son client l'ait préalablement désigné au juge comme son défenseur (art. 80-2 et 115 C. pr. pén.).

B – La représentation extrajudiciaire

L'avocat peut représenter son client auprès des administrations ou des tiers, pour une négociation, la mise au point d'une transaction ou même la passation d'un acte ; il peut représenter son client à l'occasion de la réunion d'une assemblée délibérative ou d'un organe collégial ; il peut – et même doit – effectuer pour son client les démarches et formalités légales ou réglementaires qu'implique l'efficacité d'un acte qu'il a rédigé : par ex. un dépôt au registre du commerce. Cette activité de mandataire tend d'ailleurs à se diversifier et se développer dans les textes ; ainsi, sous réserve d'en faire la déclaration à son bâtonnier, l'avocat peut accepter un mandat de gestion de portefeuille ou d'immeubles, mais seulement à titre accessoire et occasionnel ; il peut accepter un mandat de recouvrement de créances, être syndic de copropriété, mandataire en transaction immobilière, mandataire sportif, tiers de confiance, représentant fiscal de son client (art. 6.3. du RIN) ; il peut aussi être « lobbyiste », c'est-à-dire exercer une activité de représentation d'intérêts auprès d'administrations publiques, européennes ou internationales, auquel cas il doit, le cas échéant, après en avoir informé ses clients, faire mention dans les registres de ces institutions ou administrations de leur identité et du montant des honoraires relatifs à sa mission (art. 6.3.4 du RIN) ; il peut encore, depuis une modification du RIN fin 2016, exercer à titre accessoire une activité de mandataire d'artistes et d'auteurs (art. 6.3.5 du RIN) ou une activité d'intermédiaire en assurances, mais uniquement en qualité de mandataire de l'assuré (art. 6.3.6 du RIN).

L'article 8 du décret du 12 juillet 2005 précisant que l'avocat doit justifier d'un mandat écrit hors les cas où la loi ou le règlement en présume l'existence, la question se pose de savoir si un tel mandat est nécessaire ici où l'avocat intervient en dehors de tout procès. La jurisprudence actuelle fait prévaloir la présomption de mandat comme en matière judiciaire. Mais l'avocat a toute raison de réclamer à son client un pouvoir écrit s'il veut se ménager la preuve d'un mandat que le client pourrait avoir ensuite la mauvaise idée de contester. Une autorisation spéciale et écrite est d'ailleurs nécessaire chaque fois qu'il s'agit de transiger ou d'engager irrévocablement le client ou de disposer de ses fonds ou de ses biens ou d'intervenir comme mandataire en transactions immobilières ou mandataire sportif.

L'avocat doit toujours s'assurer de la licéité de l'opération pour laquelle il lui est donné mandat et il doit respecter strictement les limites de ses pouvoirs. Il doit se souvenir que s'il agit sans mandat ou en dépassant ses pouvoirs, il n'oblige pas son client, sauf jeu de la théorie du mandat apparent ; un risque de responsabilité en découle nécessairement : envers le tiers si le client n'est pas engagé ; envers le client au cas contraire.

III – La participation à l'œuvre de justice

Il est fréquent qu'à l'occasion d'audiences de rentrée les présidents de juridiction s'adressent aux avocats comme étant leurs *partenaires* de justice. L'expression n'est dans aucun texte, mais elle vise à marquer courtoisement qu'au-delà du service rendu au justiciable, l'avocat soulage souvent le juge en lui épargnant les explications embrouillées des clients ou des documents inutiles, parfois même poisseux. Ce travail de tri ou de traduction qui caractérise tout montage d'un dossier clair et présentable, facilite et accélère à l'évidence la prise de la décision.

Ce n'est là toutefois qu'une conséquence induite. Ponctuellement l'avocat peut aller plus loin dans le service rendu aux juridictions : par exemple l'article 338-7 du Code de procédure civile lui permet d'assister un mineur qui souhaite être simplement *entendu* par le juge, auquel cas sa présence qui se veut rassurante est destinée à favoriser la qualité du dialogue entre le magistrat et l'enfant. Surtout les tribunaux peuvent devenir bénéficiaires directs des diligences de l'avocat qui peut compléter la juridiction (A) ou recevoir une mission confiée par justice (B).

A – La participation à la juridiction

Il est de lointaine tradition qu'une juridiction collégiale incomplète puisse être complétée par l'avocat le plus ancien présent à la barre. La règle n'existe plus devant les tribunaux administratifs, mais le Code de l'organisation judiciaire la maintient toujours tant pour la cour d'appel que pour le tribunal de grande instance (respectivement. art. L. 312-3 et L. 212-4). Beaucoup de petits tribunaux, surtout en période de service allégé (vacances en langue profane), recourent systématiquement à cette formule, leur président pressentant à l'avance le bâtonnier pour qu'il assure entre ses confrères un tour de rôle permettant en particulier la tenue des audiences collégiales du tribunal correctionnel. L'avocat devient alors assesseur de la juridiction. Mais seuls les avocats de nationalité française peuvent être appelés à rendre ce service (art. L. 91).

On soulignera par ailleurs que la profession d'avocat n'interdit pas d'être membre assesseur du tribunal pour enfants, membre assesseur du tribunal paritaire des baux ruraux, conseiller prud'homme, membre du tribunal des affaires de sécurité sociale (art. D. 115). L'avocat peut aussi être juge de proximité dans un ressort distinct de celui où il a son domicile professionnel ; trois obligations lui sont imposées : a) s'abstenir de tout acte relevant de sa profession dans son ressort de judicature ; b) se déporter si le litige présente un lien avec le barreau ou concerne une personne avec qui il a ou a eu des relations professionnelles ; c) ne jamais mentionner sa qualité de juge ou d'ancien juge de proximité dans l'exercice de son activité professionnelle (Ord. 22 déc. 1958, art. 41-22). Malgré ces précautions, la pratique peut révéler des situations délicates si par exemple l'avocat retrouve dans le ressort de son barreau, à la suite d'une mutation, un magistrat auparavant en poste dans son ressort de judicature.

B – Les missions confiées par justice

L'avocat peut recevoir des missions confiées par justice (L. 31 déc. 1971, modifiée, art. 6 *bis*). Il peut s'agir de missions de médiation, de conciliation ou de séquestre (art. D. 115), mais l'on admet aussi que l'avocat puisse être nommé expert (art. 6.3.1 du RIN) pour autant que cette mission présente un caractère ponctuel. Dans un ordre voisin, il est naturellement à signaler que l'avocat peut recevoir des parties au litige une mission d'arbitrage, ce qui l'oblige à veiller au respect des règles de la procédure arbitrale : respect des délais de la procédure et du secret des délibérations, respect du principe de la contradiction et de l'égalité entre toutes les parties à l'instance.

Section 2
Les activités extraprofessionnelles

Parce que l'état d'avocat ne se cantonne pas, mais colle à la personne où qu'elle se trouve et quoiqu'elle fasse, l'article D. 183 précise que tout manquement à la probité, à l'honneur ou à la délicatesse, même se rapportant à des faits extraprofessionnels, expose l'avocat à des sanctions disciplinaires. C'est là une particularité du barreau ; Loysel l'indiquait déjà : « la profession veut son homme tout entier ».

L'avocat ne doit donc pas être source de trouble en public. Autant par ex. sa vie privée ne regarde pas en elle-même, et quoiqu'en pensent certains profanes, son bâtonnier ou son conseil de l'ordre, autant les dérèglements publics auxquels elle pourrait donner lieu seraient susceptibles d'une sanction disciplinaire. Imaginons de même qu'un avocat soit pris au volant en flagrant délit d'ivresse ou, pire, se rebelle ensuite contre les agents verbalisateurs, l'autorité disciplinaire pourrait sanctionner son attitude alors même que les faits seraient survenus un samedi soir ou un dimanche sans le moindre lien avec l'activité professionnelle ; un avocat qui dérobait des spiritueux dans un supermarché a pu ainsi être très légitimement sanctionné.

À l'heure où l'exercice professionnel tend à se doubler, fût-ce à titre accessoire, d'activités distinctes de fiduciaire ou de mandataire, l'avocat doit donc savoir qu'il répond disciplinairement devant ses pairs de tout manquement qui serait commis dans le cadre de ces activités parallèles.

Lire aussi

– Damien A., « Le périmètre du droit, sous Cass. crim., 13 mars 1996 », *Gaz. Pal.* 19-20 avr. 1996

Titre 3
Les obligations

Les règles de la profession d'avocat touchent les moyens qu'il met en œuvre pour l'exercice de son activité (chap. 1). Elles gouvernent aussi et encore plus ses rapports avec ses interlocuteurs (chap. 2).

Chapitre 1
L'avocat et les moyens de son activité

Un certain nombre de règles impartissent à l'avocat de se doter de moyens indispensables à l'exercice de son activité ; d'autres moyens sont facultatifs, mais l'utilisation qu'en fait l'avocat n'est pas toujours libre.

Section 1
Les moyens imposés

L'avocat a l'obligation de se doter de certains moyens. On citera à cet égard la nécessité de justifier d'une installation professionnelle (I), d'une couverture d'assurances (II) et d'une comptabilité (III) et l'on y ajoutera la récente obligation de formation continue (IV).

I – L'installation professionnelle

L'avocat est tenu de fixer son domicile professionnel dans le ressort du tribunal de grande instance auprès duquel il est établi (art. D. 165).

Mais selon l'article 8-1 de la loi de 1971, introduit par la loi du 19 décembre 1989, l'avocat peut, en sus de son cabinet principal, établir un ou plusieurs bureaux secondaires après déclaration au conseil de l'ordre de son barreau. Ce ou ces bureaux peuvent être situés dans le ressort d'un autre tribunal de grande instance, auquel cas l'avocat doit aussi obtenir l'autorisation du conseil de l'ordre du barreau d'accueil. Cette autorisation est réputée accordée si aucune décision expresse n'est prise dans le mois qui suit la réception de la demande. Le conseil sollicité ne peut refuser l'autorisation que pour des motifs tirés des conditions d'exercice de la profession dans le bureau secondaire. L'autorisation peut être retirée pour les mêmes motifs exclusivement. En particulier l'avocat est tenu d'une activité effective dans son bureau secondaire à défaut de laquelle celui-ci peut être fermé sur décision du conseil de l'ordre du barreau d'accueil. Pour la Cour de cassation, cette notion d'activité professionnelle effective renvoie à l'activité « qui respecte les principes essentiels de la profession ».

Les articles D. 166 à 169 précisent les règles à suivre :

– la décision d'autorisation est notifiée au procureur général qui peut relever appel devant la cour dans les 15 jours ; elle est également portée pour information à la connaissance du bâtonnier dont relève l'avocat lequel en informe son propre procureur général (art. D. 166 et 167, § 1) ;

– la décision de refus est notifiée à l'intéressé et au procureur général qui peuvent relever appel devant la cour dans les 15 jours également (art. D. 166) ;

– la décision implicite d'autorisation résultant du silence du conseil de l'ordre oblige l'avocat qui en bénéficie à informer de l'ouverture effective de son bureau son propre bâtonnier, qui en informe le procureur général compétent, et le bâtonnier du barreau d'accueil ; il doit aussi en prévenir le procureur général du ressort dont dépend le bureau secondaire, lequel peut relever appel dans les conditions de l'article 16 du décret : le délai d'appel du parquet général est donc ici d'un mois (art. D. 168) ;

– dans les trois situations précitées, il est fait application en cas d'appel, de la procédure prévue au même art. 16 du décret ;

en outre si l'appel émane de l'avocat, celui-ci est tenu d'en aviser sans délai le procureur général et le bâtonnier ; si l'appel émane du procureur général, celui-ci est tenu d'en aviser sans délai le bâtonnier (art. D. 166) ;

– la décision de retrait d'autorisation paraît logiquement, quoique le texte ne s'en exprime pas ouvertement, soumise aux mêmes exigences ; elle est en tout cas portée, en vue d'éventuelles poursuites disciplinaires, à la connaissance du bâtonnier dont relève l'avocat lequel en informe son propre procureur général (art. D. 167, § 2).

Un important contentieux est né de ces règles, les barreaux sollicités par des confrères extérieurs étant généralement peu réceptifs. Ce contentieux concerne à titre principal les refus d'autorisation : la jurisprudence a invalidé les délibérations fondées sur des motifs étrangers aux conditions d'exercice dans le bureau secondaire lui-même : par ex. l'inobservation par l'impétrant de ses devoirs dans son barreau d'origine, question qui ne regarde que ce dernier, ou l'absence de rentabilité présumée du bureau. Ce contentieux concerne aussi les moyens indirects par lesquels les barreaux tentent parfois de décourager la venue de confrères extérieurs. S'agissant du taux des cotisations quelquefois dissuasives réclamées par les barreaux d'accueil, la Cour de cassation entend déjouer les abus. Licite en son principe, la cotisation réclamée par le barreau d'accueil doit tenir compte à la fois des avantages accordés au titulaire du bureau secondaire et des charges supportées par son barreau d'origine ; elle peut donc être réduite par rapport à celle supportée par les avocats du barreau d'accueil ; elle peut aussi lui être égale, mais jamais supérieure. Il était par ailleurs admis que les barreaux d'accueil ne pouvaient non plus étendre aux confrères ayant un bureau secondaire les obligations de permanences pénales qu'ils faisaient peser sur leurs membres, mais, retouchée en 2015, la loi prévoit dorénavant que l'avocat satisfait à ses obligations en matière d'aide à l'accès au droit, d'aide à l'intervention de l'avocat dans les procédures non juridictionnelles et de commission d'office tant au sein de son propre barreau qu'au sein du barreau dans le ressort duquel il dispose d'un bureau secondaire.

Des dispositions dérogatoires existent en région parisienne où les avocats des barreaux de Paris, Bobigny, Créteil et Nanterre peuvent n'ouvrir un bureau secondaire dans la circonscription formée par ces quatre tribunaux de grande instance que dans le seul ressort du barreau auquel ils appartiennent (art. L. 8-2).

Les sociétés inter-barreaux ont de plein droit une succursale en tout lieu différent du siège social où se trouve personnellement établi l'un des associés. Cet établissement n'est pas un bureau secondaire au sens de la loi (RIN, art. 15.2.1).

En toute hypothèse, principaux ou secondaires, les locaux doivent préserver l'indépendance de l'avocat ; la tradition des barreaux français (n° 113) précisait « à l'égard de quiconque » ; une cour d'appel avait ainsi refusé qu'un avocat s'installât chez un notaire dont le personnel aurait accueilli ses clients croisant ceux de l'étude dans des locaux partagés ; le CNB aujourd'hui, depuis une délibération de juillet 2016 frappée d'un recours devant le Conseil d'État, accepte que le bureau secondaire soit situé dans les locaux d'une entreprise dès lors qu'elle n'exerce pas une activité s'inscrivant dans le cadre d'une interprofessionnalité avec un avocat. L'agencement des lieux naturellement doit garantir la confidentialité des entretiens, ce qui implique que le secrétariat soit séparé du bureau de l'avocat. Les règlements intérieurs précisaient en outre jadis, au risque de faire sourire, qu'aucun divan ne devait meubler ledit bureau. Le titre d'occupation doit être régulier et le conseil de l'ordre peut se faire présenter les pièces et autorisations justificatives.

Le RIN a été modifié en 2011 pour préciser que le domicile professionnel doit être complété par une adresse électronique et que l'avocat doit communiquer à l'ordre son adresse privée. La domiciliation chez un confrère du même barreau ou dans les locaux de l'ordre est dorénavant permise, mais à titre temporaire, sur autorisation du conseil de l'ordre qui en fixe la durée ; une convention écrite fixant les modalités de la mise à disposition des locaux et les conditions de transmission des courriers et communications destinés à l'avocat, doit lui être soumise pour approbation.

II – Les assurances

En vertu de l'article L. 27, les avocats doivent justifier collectivement ou personnellement :

– d'une assurance garantissant leur responsabilité civile professionnelle en raison des négligences et fautes commises dans l'exercice de leurs fonctions ;

– d'une assurance au profit de qui il appartiendra ou d'une garantie affectée au remboursement des fonds, effets ou valeurs reçus.

Il est vérifié lors de la demande d'inscription au tableau que l'impétrant sera effectivement en règle avec cette double obligation.

1) Selon le décret (art. 205 s.), l'assurance de responsabilité ne doit pas comporter une limite de garantie inférieure à 1 500 000 euros par année pour un même assuré, ni prévoir une franchise à charge de l'assuré supérieure à 10 % des indemnités dues dans la limite de 3 050 euros ; cette franchise est inopposable aux victimes. Lorsque l'avocat est membre d'une société d'avocats ou collaborateur libéral ou salarié, sa responsabilité est couverte par l'assurance de la société ou du « patron » ; le collaborateur libéral doit toutefois justifier d'une assurance personnelle pour son activité propre. La question s'est posée de savoir si dans les barreaux ayant souscrit collectivement une assurance de groupe, un avocat pouvait refuser d'y adhérer et souscrire sa propre police individuelle. La réponse est négative : l'ordre peut imposer dans son règlement intérieur sa police collective puisque ce système est le meilleur garant des intérêts des justiciables et évite au bâtonnier de vérifier que chacun a bien souscrit l'assurance nécessaire.

2) L'assurance « maniements de fonds » (art. D. 207 s.) peut emprunter deux formes :

– l'assurance au profit de qui il appartiendra, contractée par le barreau lui-même au bénéfice de tous ses membres ;

– la garantie financière souscrite individuellement par l'avocat membre d'un barreau qui n'aurait pas souscrit l'assurance au profit de qui il appartiendra : elle résulte du cautionnement accordé par une banque, un établissement de crédit, une entreprise d'assurances ou une société de caution mutuelle, habilités à donner caution.

Le cumul de ces deux formes est toutefois possible puisque l'assurance du barreau prévoit une limite de garantie qui interdit à l'avocat membre dudit barreau de recevoir des fonds pour un montant supérieur (art. D. 209) ; celui qui aurait en raison de son activité à recevoir des fonds dépassant cette limite est donc invité à compléter la garantie prise par son barreau par une garantie financière souscrite personnellement à concurrence des fonds excédentaires (art. D. 226).

Lorsqu'un groupement d'exercice réunit des avocats appartenant à des barreaux différents, l'assurance et la garantie souscrites dans le cadre du siège social devaient être étendues aux actes accomplis par l'ensemble des associés aux termes de l'article D. 228, mais cette règle a été modifiée par le décret du 5 juillet 1996 : dorénavant chaque avocat reste couvert par l'assurance responsabilité civile souscrite au siège social, mais pour les maniements de fonds il doit être assuré par son barreau.

Lorsqu'un avocat ouvre un bureau secondaire hors de son barreau, ce sont l'assurance et la garantie souscrites dans le cadre de l'établissement principal qui doivent couvrir les actes accomplis dans le bureau secondaire.

Complémentairement aux assurances et garanties précitées, les avocats membres du conseil de surveillance d'une société commerciale ou administrateurs de société ou accomplissant des missions confiées par justice ou exerçant l'activité de fiduciaire doivent s'assurer spécialement et personnellement pour les responsabilités particulières encourues en raison de leurs fautes ou négligences à ces divers titres ; la charge de ces assurances ou garanties spécifiques ne peut peser sur les confrères n'exerçant pas de telles activités.

Sauf à préférer contracter une garantie financière spécifique, tout avocat exerçant en qualité de fiduciaire doit en outre avoir souscrit une assurance au profit de qui il appartiendra, propre à son activité, et garantissant la restitution des biens, droits ou sûretés concernés. Les contrats d'assurance ne doivent pas comporter une limite de garantie inférieure à 5 % de la valeur des biens immeubles et à 20 % de la valeur des autres biens, droits ou sûretés. Ces seuils ne préjudicient pas à la souscription volontaire, par l'avocat fiduciaire, d'une garantie financière supplémentaire (art. D. 209-1).

L'article D. 123 détaille plus avant les obligations de l'avocat fiduciaire : informer par écrit son conseil de l'ordre avant d'accomplir tout acte relatif à cette activité ; justifier de la souscription des assurances spéciales requises par une attestation indiquant le montant de la couverture accordée et sa période de validité ; transmettre cette même attestation au constituant et, le cas échéant, au bénéficiaire ; renouveler cette production chaque année au conseil de l'ordre et, lors du renouvellement ou de la modification des contrats d'assurance, au constituant et, le cas échéant, au bénéficiaire. De son côté, l'assureur est tenu, en cas de cessation de la garantie pour quelque cause que ce soit, d'informer immédiatement par lettre recommandée avec demande d'avis de réception le constituant, le bénéficiaire s'il y a lieu, ainsi que le bâtonnier. Assureur et garant peuvent obtenir de l'avocat fiduciaire, sur simple demande, la comptabilité et le rapport du commissaire aux comptes afférent aux opérations de la fiducie, ainsi que la liste et les adresses des dépositaires.

III – La comptabilité

L'avocat doit tenir une double comptabilité :

– la comptabilité « maniements de fonds » qui est celle des effets et valeurs reçus pour être retransmis à des tiers, adversaires ou clients : elle sera vue au chapitre suivant ;

– la comptabilité du cabinet qui concerne les recettes et les charges et permettra d'être en règle avec l'administration fiscale. L'avocat relève en effet soit de l'évaluation administrative de ses revenus soit de la déclaration contrôlée. Il est également normalement assujetti à la TVA depuis le 1er avril 1991, y compris sur les dossiers d'aide juridictionnelle. L'avocat doit donc tenir une comptabilité régulière retraçant au jour le jour ses entrées et ses sorties, reprises en HT, TVA et TTC ; il doit aussi tenir un registre des immobilisations et des amortissements. Sa comptabilité peut lui être demandée à tout moment par le bâtonnier ou son délégataire ou même, mais sous forme d'un extrait concernant le dossier, par le président du tribunal de grande instance ou le premier président de la cour d'appel, saisi d'une contestation en matière d'honoraires ou débours ou en matière de taxe.

Une association agréée, l'ANAAFA, a été constituée par les avocats pour les aider au respect de leurs obligations fiscales.

L'art. 12 du décret du 12 juillet 2005 précise quant à lui que l'avocat détient à tout moment, par dossier, une comptabilité précise et distincte des honoraires et de toute somme qu'il a pu recevoir et de l'affectation qui leur a été donnée, sauf en cas de forfait global. S'il agit en qualité de fiduciaire, l'avocat doit pour cette activité tenir une comptabilité séparée de ses comptes professionnels et personnels et de sa comptabilité « maniement de fonds ». Chaque fiducie est elle-même comptabilisée séparément (art. D. 231). L'assureur auprès duquel est souscrite l'assurance garantissant la restitution des biens peut exiger communication par l'avocat fiduciaire, sur simple demande, de la comptabilité et, le cas échéant, du rapport du commissaire aux comptes afférent aux opérations de la fiducie, ainsi que de la liste et des adresses des dépositaires (art. D. 235-3).

IV – La formation continue

La recommandation du comité des ministres du Conseil de l'Europe du 25 octobre 2000 attirait spécialement l'attention sur la nécessité d'une formation juridique, y compris continue, renforçant les compétences juridiques de l'avocat, améliorant sa connaissance des questions éthiques et des droits de l'homme, le formant à respecter, protéger et promouvoir les droits et les intérêts de ses clients et à contribuer à une bonne administration de la justice. L'obligation de compétence figure dorénavant dans les principes essentiels de la profession.

La loi du 11 février 2004 oblige donc l'avocat à suivre annuellement 20 heures de formation continue destinée à mettre à jour et perfectionner ses connaissances nécessaires à l'exercice de la profession. Cette obligation est notamment satisfaite, selon des modalités dont le décret du 21 décembre 2004 a abandonné la définition au CNB, par la participation à des formations organisées par les centres régionaux de formation professionnelle ou les universités, par l'assistance à des colloques, par la dispense d'enseignements universitaires ou professionnels, par la publication de travaux à caractère juridique.

Durant les deux premières années d'exercice professionnel, cette formation continue doit inclure 10 heures au moins portant sur la déontologie ; elle doit même exclusivement porter sur la déontologie et le statut de la profession si le « jeune » avocat, de par sa profession antérieure, a bénéficié d'une dispense de formation théorique et pratique et d'une dispense de CAPA.

L'avocat titulaire d'une spécialisation doit consacrer la moitié de son temps de formation continue à entretenir cette spécialisation sous peine de perdre la possibilité d'en faire mention.

L'avocat est en règle s'il suit 20 heures de formation au cours d'une année civile ou 40 heures au cours de deux années consécutives. Il lui incombe d'en justifier annuellement auprès de son conseil de l'ordre. Une obligation spécifique pèse sur l'avocat qui entend exercer l'activité de fiduciaire (art. 6.2.1.5 du RIN).

Le CNB a suggéré aux pouvoirs publics de faire de l'inobservation de l'obligation de formation continue une cause d'omission facultative du tableau ; les textes ne sont pas encore en ce sens.

Section 2 Les moyens surveillés

L'avocat n'est pas toujours libre d'utiliser comme il l'entend les moyens de son activité. Diverses obligations s'imposent à lui lorsqu'il s'agit d'exciper de son titre (I) ou de porter sa robe (II) ou de recourir à du personnel (III).

I – Le titre

A – La réglementation du titre

Seules ont droit en France au titre d'avocat les personnes inscrites au tableau. (art. D. 154). Ainsi qu'on l'a vu au titre précédent, les avocats étrangers ne portent en France que leur titre étranger et dans leur langue, s'ils ne sont pas inscrits en France. Mais ce droit au titre, protégé pénalement contre toute usurpation depuis 1927 (actuellement art. 433-17 C. pén.), est aussi l'objet d'un devoir véritable, puisque l'avocat doit faire suivre son titre de la mention du barreau français auquel il appartient, ainsi que le cas échéant, de la mention du barreau étranger dont il fait également partie.

Une vieille rivalité oppose encore quelquefois les avocats des barreaux de cour d'appel à leurs confrères limitrophes, les premiers aimant se réserver l'appellation d'avocats *à la cour*. Il est juridiquement certain que ce titre est incorrect. Les barreaux sont établis auprès des tribunaux de grande instance (art. D. 1) ; on est donc avocat *au barreau de...* sans qu'aucune différence hormis la ville elle-même ne puisse distinguer l'appellation des avocats exerçant au siège de la cour et ceux exerçant en dehors. La tradition de l'ancien droit était d'ailleurs que les parlements étaient « commune patrie » des justiciables de leur ressort. La suppression des avoués d'appel le 1er janvier 2012 fait d'ailleurs, depuis cette date, de tous les avocats des barreaux du ressort de la cour d'appel d'authentiques avocats près cette cour.

Selon l'article L. 1, le titre peut être suivi de mentions annexes :

– les titres universitaires ;

– les distinctions professionnelles (bâtonnier, ancien bâtonnier, membre ou ancien membre du conseil de l'ordre…) ;

– l'ancienne activité juridique réglementée (ancien avoué, agréé ou conseil juridique) ;

– le titre officiel réglementé à l'étranger permettant l'exercice en France des fonctions d'avocat ;

– une ou deux spécialisations.

Cette dernière notion fait apparaître une innovation de la loi du 31 décembre 1990. Alors que les conseils juridiques pouvaient faire état de spécialisations professionnellement reconnues (droit des sociétés, droit fiscal, droit social), le barreau ne comprenait officiellement que des généralistes réduits à mentionner, sur des annuaires privés, des activités dominantes rarement vérifiées par les conseils de l'ordre. La loi de fusion a donc décidé que tous les avocats anciens ou nouveaux pourraient désormais revendiquer des spécialisations dont la liste est fixée par les pouvoirs publics sur les suggestions du conseil national des barreaux. Celui-ci avait également défini les champs de compétence couverts par chaque mention, étant permis aux avocats de solliciter soit la spécialisation entière, soit partie des champs de compétence couverts par elle. La matière a été refondue par la loi du 28 mars 2011 ; dorénavant les avocats ne peuvent revendiquer plus de deux spécialisations et un régime transitoire a été prévu jusqu'au 31 décembre 2013 pour l'acquisition des nouvelles mentions par les titulaires d'une spécialisation reconnue avant la réforme. Abstraction faite de la spécialisation en procédures d'appel conçue pour les anciens avoués et leur personnel et elle aussi soumise à régime transitoire, la liste résulte actuellement de l'arrêté du 28 décembre 2011 et comprend 26 mentions : droit de l'arbitrage, droit des associations et des fondations, droit des assurances, droit bancaire et boursier, droit commercial, des affaires et de la concurrence, droit du crédit et de la consommation, droit du dommage corporel, droit de l'environnement, droit des étrangers et de la nationalité, droit de la famille, des personnes, et de leur patrimoine, droit de la fiducie, droit fiscal et droit douanier, droit des garanties, des sûretés et des mesures d'exécution, droit immobilier, droit international et de l'Union européenne, droit des nouvelles technologies, de l'informatique et de la communication, droit pénal, droit de la propriété intellectuelle, droit public, droit rural, droit de la santé, droit de la sécurité sociale et de la protection sociale, droit des sociétés, droit du sport, droit des transports, droit du travail. L'avocat qui entend faire usage d'une mention de spécialisation doit en prévenir le conseil de l'ordre en lui fournissant le certificat de spécialisation délivré précédemment par le centre régional de formation professionnelle et dorénavant par le CNB.

Tandis que l'article 12-1 de la loi prévoyait une pratique professionnelle d'au moins deux ans, sanctionnée par un contrôle des connaissances, les articles D. 88 à 92-6, entre-temps remaniés, s'avèrent singulièrement plus exigeants puisqu'ils fixent à 4 ans la durée de la pratique indispensable. La loi du 28 mars 2011 a substitué à l'ancien contrôle des connaissances une validation des compétences sur la base d'un dossier constitué par l'intéressé après entretien d'une heure avec un jury comprenant une mise en situation professionnelle. Désigné par le président du CNB à partir d'une liste nationale annuelle dressée par cet organisme, le jury comprend 4 membres : deux avocats titulaires de la spécialisation sollicitée dont le président et le rapporteur, un universitaire enseignant dans la même spécialité et un magistrat. L'épreuve est organisée dans le cadre des centres régionaux de formation professionnelle ; son résultat est communiqué au CNB qui notifie ensuite aux candidats le certificat qu'ils ont obtenu ou la décision leur refusant la spécialisation ; cette dernière peut être déférée dans le mois à la cour d'appel de Paris.

Comme on l'a déjà indiqué, l'avocat titulaire d'une spécialisation doit l'entretenir dans le cadre de ses obligations de formation continue ; s'il y déroge, le conseil de l'ordre peut lui interdire de faire usage de sa mention de spécialisation (art. D. 92.5), mais l'avocat dispose d'un délai de deux ans pour en récupérer l'usage en justifiant qu'il a enfin satisfait à ses obligations (art. D. 92-6).

B – Titre et supports publicitaires

1 – Règles générales

Si l'ordre lui-même ou le CNB peut faire pour la profession une publicité dite fonctionnelle, l'avocat peut aussi s'autoriser une publicité personnelle et même, depuis la loi du 17 mars 2014 et le décret du 28 octobre 2014, recourir à la « sollicitation personnalisée », euphémisme élégant évitant le vilain mot de « démarchage ». C'est la directive européenne « services » du 12 décembre 2006 qui a renouvelé la matière en interdisant aux États membres de prohiber de manière générale ce qu'elle appelle « les communications commerciales des professions réglementées » ; il est seulement permis d'entourer cette communication de règles protégeant l'indépendance, la dignité et l'intégrité de la profession, ainsi que le secret professionnel, pour autant que ces règles soient non discriminatoires, justifiées par une raison impérieuse d'intérêt général et proportionnées.

La nouvelle réglementation française, relayée par l'article 10 du RIN réécrit en novembre 2014 novembre 2015 et janvier 2016 permet donc à l'avocat de recourir à la publicité et à la sollicitation personnalisée si elles procurent une information sincère sur la nature des prestations de services proposées et si leur mise en œuvre respecte les principes essentiels de la profession.

Le contenu de la communication est précisé tant positivement que négativement. Positivement, l'avocat doit toujours faire état de sa qualité et fournir, quel que soit le support utilisé, tout élément permettant de l'identifier, de le contacter, de localiser son cabinet, de connaître le barreau auquel il est inscrit, la structure d'exercice à laquelle il appartient et, le cas échéant, le réseau dont il est membre. Négativement, le décret prohibe tout élément comparatif ou dénigrant ; y ajoutant, le RIN condamne toute publicité mensongère ou trompeuse ; toute mention susceptible de créer dans l'esprit du public l'apparence d'une qualification professionnelle non reconnue ou d'une structure d'exercice inexistante ; toute référence à des fonctions ou activités sans lien avec l'exercice de la profession d'avocat et toute référence à des fonctions juridictionnelles. Le texte prohibait également, avant la dernière réforme, les renseignements inexacts ou fallacieux, les mentions laudatives et celles susceptibles de porter atteinte au secret professionnel. Rien ne devrait changer sur les deux premiers points, l'idée restant malgré tout d'éviter un certain nombre de mentions invérifiables *ad pompam et ostentationem*. Toute information donnée doit donc être rigoureusement exacte et le bâtonnier peut en exiger la justification. Sur le 3e point, la disparition de la référence expresse au secret professionnel peut inquiéter ; elle est à mettre en corrélation avec le désir de certains avocats de faire apparaître le nom de leurs clients habituels, ce qui, même avec l'accord de ces derniers, doit rester proscrit là où la loi ne l'autorise pas spécialement.

Même si le RIN n'évoque plus expressément, depuis mai 2010, une publicité mise en œuvre avec « dignité et délicatesse », la communication de l'avocat doit toujours respecter les principes essentiels de la profession au rang desquels figurent ces qualités. On exigera donc élégance et distinction, en évitant le clinquant et le tapageur.

Le conseil de l'ordre doit recevoir communication « sans délai » de toute publicité souhaitée par l'avocat ; il était auparavant requis une communication préalable (RIN, art. 10.3).

2 – Règles particulières

Aux termes du décret du 28 octobre 2014, l'avocat restait tenu de respecter les prescriptions du décret de 1972 relatif au démarchage et à la publicité en matière de consultation et de rédaction d'actes juridiques : la publicité ne pouvait donc être faite par voie de tracts, affiches, films cinématographiques, émissions radiophoniques ou télévisées. Mais l'article 2 dudit décret qui exprimait ces interdictions a été tenu par le Conseil d'État pour contraire à la directive européenne. Ces procédés ne sont donc plus condamnés en tant que tels et le premier spot télévisé d'un cabinet d'avocats a été diffusé en avril 2016.

Le RIN ne prend plus soin de détailler, comme dans sa précédente version, les initiatives permises à l'avocat, mais elles demeurent globalement d'actualité : lettres d'informations générales sur le cabinet, le droit et la jurisprudence ; faire-part ou annonces, destinés à la diffusion d'informations ponctuelles et techniques, telles que l'installation d'un avocat dans de nouveaux locaux, la venue d'un nouvel associé, la participation à un groupement autorisé, l'ouverture d'un bureau secondaire, etc. ; encarts publicitaires dans les annuaires ou dans la presse, sous réserve que leur présentation, leur emplacement ou leur contenu ne soit pas de nature à induire le public en erreur ou à constituer un acte de concurrence déloyale ; plaquettes de présentation du cabinet…

L'ancienne version du RIN énumérait également très en détail les mentions susceptibles de figurer sur le papier à lettre ou les plaquettes de présentation du cabinet. La version nouvelle vise indistinctement tout document destiné à la correspondance postale ou électronique de l'avocat (art. 10.6.1), sa plaque de porte et ses cartes de visite (art. 10.6.2), les dénominations de son cabinet (art. 10.6.3). Elle renvoie purement et simplement aux règles générales de communication vues précédemment et requiert que le document fasse une présentation sincère et loyale du cabinet. Le document peut présenter notamment l'organisation du cabinet, ses structures, les membres qui le composent ou y ont exercé, à la condition que les mentions aient un lien avec l'exercice de la profession d'avocat. Le document peut aussi préciser, pour chaque avocat, la ou les spécialisations obtenues et non invalidées, à l'exclusion des domaines d'activité, ou encore indiquer les missions de l'article 6 du RIN qui peuvent lui être confiées (par ex. fiduciaire ou correspondant à la protection des données personnelles). Si l'avocat agit dans le cadre strict d'une telle mission, le document doit l'indiquer expressément.

L'article 10.4. autorise naturellement l'avocat ou le cabinet à figurer dans tout annuaire, sous réserve que les mentions qui le concernent et le contenu de l'annuaire ne soient pas contraires aux principes essentiels de la profession. L'avocat peut faire apparaître sa ou ses spécialisations. Il faut en déduire que, comme précédemment, l'avocat peut apparaître dans la rubrique générale et, s'il y a lieu, dans chacune des rubriques correspondant aux spécialités qu'il détient. On prenait encore soin de préciser, avant la réforme de 2014, que l'inscription du cabinet pouvait apparaître tant dans l'annuaire du département du cabinet principal que dans celui du département du bureau secondaire, mais que l'avocat appartenant à une société inter-barreaux ne pouvait quant à lui figurer individuellement que dans la ou les rubriques de son propre barreau. La sagesse serait de conserver ces règles.

L'ouverture d'un site internet doit se faire sous le nom de l'avocat pour éviter toute confusion avec l'ordre. Selon l'article 10-5 du RIN, elle doit être déclarée sans délai par l'avocat au barreau dont il relève avec communication des noms de domaine qui permettent d'y accéder ; il en va de même en cas de modification substantielle du site. L'utilisation de noms de domaine évoquant de façon générique le titre d'avocat ou un titre pouvant prêter à confusion, un domaine du droit ou une activité relevant de celles de l'avocat, est interdite ; l'avocat ne peut en effet faire comme s'il s'appropriait un domaine d'activité que se partage l'ensemble de la profession. Le site de l'avocat ne doit comporter aucun encart ou bannière publicitaire, autres que ceux de la profession, pour quelque produit ou service que ce soit, ni de lien hypertexte permettant d'accéder directement ou indirectement à des sites ou à des pages de sites dont le contenu serait contraire aux principes essentiels de la profession. L'avocat doit visiter régulièrement les sites et pages auxquels ce lien permet d'accéder en sorte de le supprimer sans délai si les sites ou pages concernés devaient se révéler contraires aux principes essentiels de la profession. L'avocat participant à un blog ou à un réseau social en ligne doit ici aussi respecter les principes essentiels de la profession.

S'agissant maintenant de la « sollicitation personnalisée », comprise comme une communication directe ou indirecte, dépassant la simple information, destinée à promouvoir les services d'un avocat à l'attention d'une personne physique ou morale déterminée, le décret impose le recours à un envoi postal ou à un courrier électronique, étant exclu de pouvoir procéder par message textuel envoyé sur un terminal téléphonique mobile ; allant plus loin, le RIN prohibe toute démarche physique ou téléphonique, ainsi que le recours à un tiers dans le but de contourner ces interdictions. La loi imposant que toute prestation réalisée à la suite de la sollicitation fasse l'objet d'une convention écrite d'honoraires, le décret impose encore que la sollicitation personnalisée fasse apparaître les modalités de détermination du coût de la prestation en prévision de la convention à suivre. Comme on le voit à ces précautions, la réglementation nouvelle ne permet toujours pas le libre démarchage ; elle impose à l'avocat les moyens et le contenu de sa communication. En particulier, il ne saurait être question pour l'avocat d'utiliser les modes de démarchage visés et prohibés par le décret de 1972 « en se rendant personnellement ou en envoyant un mandataire soit au domicile ou à la résidence d'une personne, soit sur les lieux de travail, de repos, de traitement ou dans un lieu public ». Il est à souhaiter également que l'avocat ne puisse toujours pas, demain comme hier, distribuer ses cartes de visite ou abandonner ses plaquettes d'information dans la salle des pas perdus du tribunal ou le prétoire de la prison. Le CNB admet cependant, mais sous réserve d'une appréciation différente du bâtonnier ou des instances disciplinaires ou sous réserve de ne pas manquer à la dignité, qu'un avocat laisse à ses clients des jetons de caddies de supermarchés portant ses coordonnées !

II – La robe

L'avocat revêt dans l'exercice de ses fonctions judiciaires le costume de sa profession. L'indicatif utilisé par l'article L. 3 manifeste qu'il s'agit là d'un devoir plus encore que d'un droit. Les règlements intérieurs rappellent fréquemment cette obligation qui n'est cependant pas générale. C'est en costume civil que l'avocat doit recevoir en son cabinet et certains ont pu être sanctionnés pour avoir pris l'habitude de recevoir leurs clients en robe pour les impressionner. En revanche, chaque fois qu'il plaide ou même qu'il accomplit une simple démarche auprès d'un juge, l'avocat doit porter la robe. Il est alors, selon la formule du texte, dans l'exercice de ses fonctions judiciaires. C'est en robe encore que l'avocat doit intervenir lorsqu'il assiste un client devant une commission de discipline de l'administration ou un conseil d'un ordre professionnel. Les usages locaux tolèrent quelquefois des dérogations : c'était le cas par ex. devant les commissions de retrait du permis de conduire.

Le port de la robe est interdit lorsque l'avocat est frappé d'une peine disciplinaire. Il l'est encore lorsque l'avocat plaide sa propre cause devant un tribunal.

L'usage, souvent relayé par les règlements intérieurs, est de porter la robe aux funérailles d'un confrère sauf volonté contraire du défunt ou de sa famille. Il est aussi, et spontanément, de manifester en robe lorsque la profession descend quelquefois dans la rue pour s'opposer à des projets de réforme qu'elle désapprouve ; ces manifestations exceptionnelles, décidées par les ordres en assemblées générales, n'en prennent ainsi que plus de relief.

III – Le personnel

L'avocat est évidemment tenu lorsqu'il recrute du personnel d'être intégralement en règle avec ses obligations sociales : son personnel doit être déclaré à l'Urssaf, ainsi qu'à la CREPA (caisse de retraite complémentaire du personnel des avocats). La convention collective négociée par la profession avec les syndicats représentatifs du personnel doit être appliquée et l'avocat doit s'acquitter ponctuellement des cotisations à sa charge vis-à-vis de l'Urssaf, des Assedic et de la CREPA

L'avocat doit aussi, et ici sur un plan beaucoup plus spécifique, veiller à ce que son personnel respecte l'obligation au secret professionnel dont il est lui-même débiteur. Nous avons déjà dit qu'une vigilance particulière s'impose lorsque plusieurs avocats mettent seulement en commun leurs moyens d'exercice (cabinets groupés, sociétés civiles de moyens). Chacun garde en effet sa clientèle et peut plaider contre son confrère. S'il y a donc recours à un personnel unique, il convient de veiller à ce que celui-ci ne mélange pas les éléments d'information ou les correspondances qu'il tient de ses employeurs par hypothèse contradicteurs en la cause.

Lire aussi

– Boedels J., *Les habits du pouvoir, la justice*, éd. Antébi, 1992
– Damien A., « Éléments de civilité puérile et honnête à l'usage des avocats », *Gaz. Pal.* 1985.1, doctr. 222 et 271
– Karpik L., *Les avocats entre l'État, le public et le marché : XIIIe s.-XXe s.*, Gallimard, 1995

Chapitre 2
L'avocat et ses interlocuteurs

C'est essentiellement à l'égard des personnes qu'il côtoie dans l'exercice de son activité que l'avocat doit respecter une certaine manière d'agir. On distinguera par pure commodité les interlocuteurs habituels (section 1) et les interlocuteurs occasionnels (section 2).

Section 1 Les interlocuteurs habituels

L'avocat est en contact permanent avec quatre catégories de personnes : les clients (I), les confrères (II), les magistrats (III), les autres professionnels juridiques et judiciaires (IV).

I – Les rapports avec les clients

Au cœur de l'activité de l'avocat, ils sont abondamment évoqués par la loi et le décret sans préjudice des innombrables dispositions des règlements intérieurs. On suivra chronologiquement l'acceptation du dossier (A), l'exécution de la prestation (B), puis la cessation de la mission (C).

A – L'acceptation du dossier

Deux situations sont à distinguer selon que l'avocat est sollicité dans les conditions ordinaires de son activité ou dans le cadre de l'assistance accordée par la loi à certaines personnes.

1 – Le secteur de droit commun

a) Le principe est celui de la liberté et celle-ci joue à double sens. Le client choisit son avocat ; l'avocat choisit son client.

Le client est libre de son choix, y compris lorsqu'il fait jouer un contrat d'assurance protection juridique (L. 31 déc. 1989, art. 5) ; en aucun cas un avocat ne peut accepter un dossier qu'il sait lui être transmis contre le gré de la personne concernée ; il ne peut que veiller aux intérêts de l'assureur au côté de l'avocat librement choisi par l'assuré.

Réciproquement l'avocat dispose d'une même liberté ; il n'est pas tenu d'accepter un dossier qu'il estime en conscience, pour des raisons d'ordre moral, intellectuel ou matériel, ne pouvoir prendre ou correctement mener à son terme ; la seule obligation est de fournir à la personne, en fonction des informations reçues, les renseignements généraux élémentaires que l'urgence peut requérir.

Mais aucun avocat non plus ne peut être tenu de refuser un dossier parce qu'il serait jugé déplaisant pour d'autres. Le principe est rappelé par la cour d'appel de Montpellier qui censure le 15 janvier 1996 une décision d'un conseil de l'ordre de son ressort interdisant à chaque avocat soumis à sa juridiction d'introduire une action en justice, de consulter ou de plaider contre l'un de ses confrères appartenant au même barreau.

b) Le principe de liberté peut se trouver atteint dans des cas exceptionnels où l'avocat est tenu d'accepter ou de refuser son concours.

1) L'avocat peut tout d'abord être tenu d'accepter le dossier qui lui est remis. Cette situation concerne le cas particulier de la postulation devant le tribunal de grande instance dont on a

rappelé qu'elle est le monopole des avocats, les parties ne pouvant se présenter elles-mêmes. L'accès au tribunal, droit fondamental des justiciables, ne peut évidemment être dénié et il faut bien en présence du dossier le plus indésirable qu'un avocat territorialement compétent se dévoue, au moins sous ce rapport, quitte à faire plaider un avocat extérieur ou à demander exceptionnellement que le particulier puisse s'exprimer oralement lui-même lors de l'audience de plaidoirie. L'hypothèse peut surprendre en secteur libre où les clients rémunèrent l'avocat, mais elle n'est pas une hypothèse d'école. En pratique, c'est souvent à l'occasion de procédures intéressant des avocats eux-mêmes, dont la responsabilité par ex. serait recherchée, ou des professionnels du monde judiciaire « pourvoyeurs » de dossiers, par ex. notaires ou huissiers, que les avocats du lieu ont tendance à décliner l'acceptation. Il revient alors au bâtonnier, ou le cas échéant au président du tribunal, de *commettre* un avocat, rien n'empêchant d'ailleurs que le bâtonnier se commettre lui-même, en sorte que le dossier puisse être effectivement évoqué en justice.

2) Plus fréquemment l'avocat peut être tenu de refuser. C'est tout d'abord le cas s'il lui est demandé de rédiger un acte manifestement illicite ou frauduleux (*cf.* art. 8 et 9 du décret du 12 juill. 2005) ou s'il suspecte sérieusement une opération de blanchiment dont le client n'entend pas s'abstenir ; l'art. 1.5 du RIN dispose ainsi que lorsque l'avocat a des raisons de suspecter qu'une opération juridique aurait pour objet ou pour résultat la commission d'une infraction, il doit immédiatement s'efforcer d'en dissuader son client et, à défaut d'y parvenir, se retirer du dossier. C'est encore plus simplement le cas, s'il lui est demandé une prestation qu'il sait ne pas en être en mesure d'accomplir. Le Conseil de l'Europe recommande déjà aux avocats de « ne pas accepter une charge de travail supérieure à celle qu'ils sont raisonnablement en mesure de gérer ». Plus direct, le code de déontologie européen précise que « l'avocat n'accepte pas de se charger d'une affaire s'il sait ou devrait savoir qu'il n'a pas la compétence nécessaire pour la traiter, à moins de coopérer avec

un avocat ayant cette compétence » et il ajoute encore « l'avocat ne peut accepter une affaire s'il est dans l'incapacité de s'en occuper promptement, compte tenu de ses autres obligations » (art. 3.1.3). On retrouve là de la façon la plus claire les devoirs déontologiques de compétence et de diligence cités par le RIN au rang des principes essentiels de la profession (art. 1er).

Dans la pratique l'avocat est encore plus souvent tenu de refuser le dossier lorsqu'en raison d'une pluralité de parties impliquées, il a déjà accepté une mission incompatible avec celle qu'on lui propose. L'avocat ne peut être des deux côtés à la fois et s'il peut représenter des intérêts distincts, il ne saurait représenter des intérêts opposés. Selon l'article 7 du décret du 12 juillet 2005 en effet, l'avocat ne peut être conseil, représentant ou défenseur de plus d'un client dans une même affaire s'il y a conflit entre les intérêts de ses clients. Il ne le doit même pas s'il y a risque sérieux d'un tel conflit sauf accord des parties. Ces notions sont définies par l'article 4.2 du RIN. Il est ainsi fréquent en matière correctionnelle qu'un même avocat ne puisse défendre des coprévenus qui se chargent mutuellement du rôle principal de l'affaire. Un avocat ne peut non plus porter d'enchères pour des personnes qui sont en conflit d'intérêts et notamment pas porter d'enchères pour le compte de plusieurs mandants. Il ne peut non plus, lorsqu'il s'est rendu adjudicataire pour le compte d'un client, surenchérir pour un tiers contre lui, sauf accord écrit de ce dernier (art. 12.2 du RIN).

En toute hypothèse, lorsque le conflit surgit, l'avocat doit normalement se dessaisir de tous les dossiers ; s'il restait en piste, il risquerait en effet soit d'enfreindre le secret professionnel en tirant parti de renseignements obtenus lorsque les nouveaux adversaires étaient ses clients communs, soit de manquer d'indépendance envers un adversaire qui a été son client. Le texte réserve néanmoins ici encore l'accord des parties. Une illustration topique est fournie par le divorce par consentement mutuel judiciaire initié par avocat unique. L'avocat des deux époux ne peut plus, en cas d'apparition d'un désaccord, conserver le dossier du mari ou celui de la femme, mais rien n'empêche la solution contraire si le conjoint s'en déclare d'accord ou n'élève aucune objection.

Les anciens conseils juridiques devenus avocats ont fait valoir, au moment de la fusion, que ces règles aisément compréhensibles dans le contexte d'un procès étaient inadaptées à l'activité non contentieuse où plusieurs parties peuvent solliciter l'intervention d'un conseil sans pour autant qu'il y ait entre elles communauté complète de vues ou d'intérêts : l'exemple le plus banal est à cet égard celui de la rédaction d'un contrat de travail pour le compte commun des futurs employeur et salarié. Comment cependant tenir la plume alors que la rédaction peut être orientée pour ou contre l'un ou l'autre ? Sensible à la difficulté, le décret de 1991 et aujourd'hui celui de 2005 n'autorisent aucune distinction entre l'activité judiciaire et l'activité juridique. L'article 9 du décret du 12 juillet 2005 règle la question : notamment l'avocat seul rédacteur d'un acte – ou même selon la Cour de cassation d'un projet d'acte à la signature duquel il n'entend pas assister – veille à l'équilibre des intérêts des parties et, s'il a été saisi par une seule partie, il informe l'autre de la possibilité qu'elle a d'être conseillée et de se faire assister par un autre avocat ; s'il est le conseil de toutes, il ne peut ensuite agir ou défendre pour l'une contre l'autre sur la validité, l'exécution ou l'interprétation de l'acte qu'il a rédigé ; s'il est le conseil d'une seule, il peut agir ou défendre pour son client sur l'exécution ou l'interprétation de l'acte ; il peut également défendre – mais non agir – sur sa validité. L'avocat doit enfin se déporter s'il apparaît que son intervention le conduit à s'ériger en témoin d'une ou plusieurs parties ou porte atteinte au secret professionnel ou au caractère confidentiel des pourparlers. De ces situations délicates on rapprochera le cas de l'avocat qui conseille une personne morale et qui garde sa clientèle après un changement de dirigeant. À l'évidence il ne saurait être admis qu'il puisse mener, à la demande de la nouvelle direction, une procédure contre l'ancien dirigeant qui a été son interlocuteur dans la période précédente. L'avocat ne peut changer de camp !

L'art. 7 du décret de 2005 prévoit encore qu'un avocat ne peut accepter l'affaire d'un nouveau client si le secret des informations données par un ancien client risque d'être violé ou lorsque la connaissance par l'avocat des affaires de l'ancien client favoriserait le nouveau client de façon injustifiée.

Pour éviter toute suspicion sur le barreau, ce même texte conclut enfin en envisageant l'exercice de groupe : en pareil cas, ses dispositions s'imposent indifféremment à l'avocat et aux membres de son groupe, associés, collaborateurs ou salariés. Ainsi par exemple selon le nouvel art. 6.2.1.5 du RIN, avocat fiduciaire et avocat tiers au sens de l'article 2017 du Code civil ne peuvent appartenir à la même structure d'exercice. Les textes n'évoquent pas les avocats mariés ou concubins qui exercent séparément ; l'esprit de notre législation, à défaut de sa lettre, devrait leur interdire d'intervenir l'un contre l'autre ; une semblable situation n'est pas saine et ne peut que faire douter de l'indépendance et de la délicatesse des membres du barreau.

2 – Le secteur assisté

Il convient de distinguer ici l'aide juridique et les commissions d'office.

a) L'aide juridictionnelle

Depuis la réforme du 10 juillet 1991, les dossiers d'aide juridictionnelle ne donnent plus lieu à désignation systématique d'un avocat par le bâtonnier. C'est au contraire le principe du libre choix qui a été étendu, le demandeur à l'aide juridictionnelle fournissant à l'appui de sa demande l'attestation d'un avocat acceptant d'intervenir pour lui à ce titre. Lorsqu'aucun avocat n'a accepté ou lorsqu'aucun avocat n'a été sollicité, le bureau d'aide juridictionnelle transmet le dossier au bâtonnier ou à son délégataire pour désignation d'un conseil.

Quant à l'aide légale et l'aide à la présence de l'avocat en garde à vue, elle se concrétise le plus souvent par un tour de garde, selon les modalités définies par le conseil de l'ordre, chaque avocat tenant le moment venu une permanence soit pour des consultations gratuites, soit pour se rendre dans les lieux de la garde à vue y compris durant la nuit.

Les règlements intérieurs fixent généralement les devoirs des avocats en ces domaines. Les barreaux ne pratiquent pas nécessairement une désignation aveugle ; certains répartissent la charge entre les volontaires s'ils sont en nombre suffisant ; d'autres la répartissent entre les plus jeunes ; d'autres entre les seuls avocats de vieille souche ; d'autres entre tous, y compris les conseils juridiques. Par principe l'avocat doit accepter de prendre sa part d'aide légale ou juridictionnelle ; c'est là déjà un devoir de solidarité envers son Ordre. Mais cette part s'apprécie globalement et rien n'interdit à l'avocat qui a reçu une désignation le mettant en difficulté de faire valoir auprès du bâtonnier l'empêchement rencontré pour être dessaisi du dossier, à charge de compenser ultérieurement. En tout cas il n'est pas possible de se dérober globalement aux charges collectives prévues en cette matière en arguant de ses convictions personnelles.

b) La commission d'office

Une place à part doit être faite à la commission, souvent dite commission d'office, laquelle ne relève pas de l'aide légale, mais de la volonté du législateur d'assurer la présence d'un avocat au côté de certaines personnes (accusés, incapables mineurs ou majeurs), toutes autres considérations mises à part (notamment de ressources de l'intéressé).

Selon l'art. 9 de la loi de 1971 et l'art 6 du décret de 2005, l'avocat régulièrement commis d'office par le bâtonnier ou par le président d'une juridiction ne peut refuser son ministère sans faire approuver ses motifs d'excuse ou d'empêchement par l'autorité qui a procédé à la désignation.

La question de la rémunération est indépendante : rien n'empêche l'avocat commis de demander des honoraires à son client ou de régulariser en son nom une demande d'aide juridictionnelle.

B – L'accomplissement de la mission

On envisagera successivement les aspects matériels puis les aspects intellectuels de la prestation de l'avocat.

1 – L'accomplissement matériel de la mission

L'avocat doit ouvrir un dossier ; s'entretenir avec le client et prévoir la rémunération de son intervention.

a) Ouverture du dossier

L'avocat est dispensé de présenter au juge un mandat écrit. Il doit néanmoins prendre soin de se ménager la preuve qu'il a reçu pouvoir (art. 6.3 du RIN), surtout si son intervention est requise par un tiers. L'exemple le plus classique à cet égard est celui du procès en responsabilité avec assignation conjointe de l'assureur et de l'assuré ; l'assureur demande généralement à son avocat de se constituer pour lui et pour l'assuré ; l'avocat doit donc demander à être mis en possession de la copie d'assignation reçue par l'assuré ; sa remise vaudra pouvoir tacite. De même s'il s'agit de représenter une cohérie ou tout groupe de clients ayant un même intérêt, l'avocat doit s'assurer autant que possible de l'accord de chacun. Une simple lettre ou une remise de pièces suffit en demande ; la remise de l'assignation en défense. La possession d'un mandat précis est néanmoins un moyen pour l'avocat de se défendre ultérieurement si le client lui reproche d'avoir outrepassé ses pouvoirs ; il ne saurait donc être trop conseillé à l'avocat de se ménager, au fur et à mesure des initiatives à prendre, une confirmation écrite de ses pouvoirs.

Il ne saurait non plus être trop conseillé à l'avocat qui reçoit pour la première fois une partie de lui demander une justification officielle d'identité. Certains avocats se sont laissé quelquefois abuser et ont par exemple présenté requête en divorce conjoint par consentement mutuel alors que les deux personnes venues les consulter n'étaient pas les deux époux, mais l'un d'eux et son compagnon d'adultère. L'évolution contemporaine accentue la nécessité de cette vérification qu'imposent tour à tour le devoir de vigilance prévu en matière de lutte anti-blanchiment et le devoir de prudence qui est plus général et s'attache à la qualité d'auxiliaire de justice : un avocat peut ainsi engager sa responsabilité envers la partie adverse en introduisant contre elle une procédure au nom d'une société inexistante. L'art. 1.5 du RIN engage l'avocat à identifier « précisément » son client et vérifier à qui exactement sa prestation doit profiter. Le développement des prestations en ligne vient de conduire le CNB à prévoir des règles particulières en ce domaine (art. 19 du RIN) : qu'il le fasse sur son propre site ou sur la plate-forme d'un tiers – par hypothèse conforme aux principes régissant la profession –, l'avocat doit toujours être en mesure d'entrer personnellement et directement en relation avec l'internaute. Le service doit être personnalisé, ce qui implique une identification précise des parties : le nom de l'avocat doit être communiqué et réciproquement celui-ci doit s'assurer de l'identité et des caractéristiques de la personne à laquelle il répond, afin de respecter le secret professionnel, d'éviter le conflit d'intérêts, d'assurer le respect des règles relatives à la prévention du blanchiment et de fournir des informations adaptées à la situation de l'intéressé

b) Entretiens et réunions

La tradition du barreau a longtemps été que l'avocat recevait exclusivement en son cabinet, sans jamais se déplacer chez son client. Les conseils juridiques qui se déplaçaient ordinairement au siège des entreprises qui les consultaient, ont obtenu que la loi du 31 décembre 1990 renverse totalement l'ancien principe. Dorénavant, et comme s'en exprime l'article 3 *bis* de la loi, l'avocat peut librement se déplacer pour exercer ses fonctions.

Les règlements intérieurs rappellent toutefois fréquemment ce que dicte le simple bon sens ; l'avocat n'a pas à être convoqué chez son client et c'est donc au cabinet qu'il le reçoit et s'entretient avec lui en principe. Ceci n'empêche pas de se rendre chez le client s'il s'agit, pour la bonne compréhension d'un dossier (servitudes, désordres de construction…), de visualiser les lieux ou encore de prendre connaissance de pièces trop volumineuses pour être transportées ou préalablement triées (comptabilité…). Ceci n'empêche pas davantage de se rendre, accompagné du client ou non, en tout autre lieu utile : lieu d'une expertise, siège d'une administration… Des règles particulières peuvent néanmoins s'imposer ; ainsi si l'avocat assiste son client à l'occasion d'un rendez-vous chez un tiers, il a l'obligation de mentionner sa qualité, d'inviter l'interlocuteur de son client à faire connaître le nom de son avocat, enfin de lui proposer le report de l'entrevue si cet interlocuteur souhaite être lui-même assisté de son conseil.

c) Rétribution de l'avocat

Deux secteurs n'appellent aucun commentaire :

– la rétribution des actes tarifés réglementairement : émoluments de postulation devant le tribunal de grande instance dans le régime antérieur à la loi *Macron* (ancien tarif des avoués de première instance) et, depuis cette loi, émoluments en matière de saisie immobilière, partage, licitation et sûretés judiciaires ;

– l'indemnisation des missions d'aide juridictionnelle totale et celle des interventions dans les procédures non juridictionnelles (garde à vue par ex.) qui font également l'objet d'une grille officielle tant pour le nombre que la valeur des UV.

Ailleurs, c'est-à-dire en secteur libre ainsi qu'en matière d'aide juridictionnelle partielle pour le complément de rémunération à charge du justiciable, l'avocat est en droit de réclamer des honoraires. Ceux-ci étaient jadis et en entier l'expression spontanée de la reconnaissance du client. Celle-ci peut certes toujours se manifester aujourd'hui car rien n'interdit d'offrir un « plus » à son avocat : somme d'argent ou cadeau en nature et l'on songe aux poules, lapins, pièces de gibier, bouteilles de vins… que des clients attentionnés apportaient plus fréquemment naguère (le *palmarium*). Mais c'est un supplément gracieusement offert. Les honoraires proprement dits sont devenus un dû légitime pour l'avocat, la juste rétribution de ses services.

Celui-ci doit toutefois les fixer d'un commun accord avec son client. C'est la loi du contrat.

Longtemps cependant ce contrat n'était pas formalisé et les règlements intérieurs invitaient les avocats à faire preuve de modération dans la fixation de leurs honoraires. Les usages voulaient que leur montant tînt compte de la situation de fortune du client, de la difficulté de l'affaire, des frais exposés par l'avocat, de sa notoriété et de ses diligences. Une exigence s'imposait particulièrement : ne pas surprendre le client *in fine* par une réclamation à laquelle il ne pouvait s'attendre. Aussi condamnait-on la pratique consistant à appeler en début de dossier une unique et modeste provision pour réserver au stade de la clôture une note d'apothicaire que rien n'avait laissé présager. De son côté la jurisprudence avait réagi : sans pour autant viser l'article L. 113-3 C. consom., qu'un pourvoi lui avait suggéré de retenir, la Cour de cassation avait chargé l'avocat d'une obligation d'information préalable du client sur les conditions de sa rémunération et sa 1re chambre civile invitait le juge de l'honoraire à prendre en considération dans sa décision tout manquement de l'avocat à cette obligation. Rappelons d'ailleurs que l'avocat avait aussi l'obligation, s'il constatait que son client remplissait les conditions pour bénéficier de l'aide légale, de l'en aviser, en l'informant de la procédure nécessaire à l'obtention de cette aide et des conséquences de celle-ci.

La situation a changé avec l'apparition et le développement de la convention écrite d'honoraires. Celle-ci était facultative avant l'entrée en vigueur de la loi du 6 août 2015, mais les cas dans lesquels elle devenait exceptionnellement obligatoire s'étaient multipliés ; on avait fini par en compter cinq :

– en matière d'aide juridictionnelle partielle où elle était au surplus contrôlée préventivement par le bâtonnier ;

– lorsque l'avocat était rémunéré en tout ou en partie au titre d'un contrat d'assurance protection juridique sauf procédure d'urgence ;

– lorsque l'avocat intervenait comme mandataire sportif auquel cas la loi plafonnait ses honoraires à 10 % du montant du contrat sportif à négocier ;

– en matière de divorce, sachant que la loi du 13 décembre 2011 avait annoncé des barèmes « indicatifs », établis à partir des usages observés, publiés par le ministère après avis du CNB et révisés tous les deux ans ;

– lorsque la prestation faisait suite à une sollicitation personnalisée.

En toute autre hypothèse où la convention écrite n'était que facultative, la jurisprudence de son côté favorisait sa conclusion en considérant qu'elle était le seul moyen pour l'avocat de faire entrer dans le chiffrage de ses honoraires la prise en considération du résultat obtenu.

Depuis la loi du 6 août 2015, la convention écrite d'honoraires est devenue obligatoire en toutes circonstances sauf urgence ou force majeure ; la loi entend que cette convention précise, notamment, « le montant ou le mode de détermination des honoraires couvrant les diligences prévisibles, ainsi que les divers frais et débours envisagés » et, pour s'assurer du respect de cette règle, elle investit l'autorité chargée de la concurrence et de la consommation du soin de rechercher et constater les manquements éventuels, à charge simplement de prévenir le bâtonnier par écrit trois jours au moins à l'avance.

La loi ne dit pas si l'avocat qui a négligé d'établir la convention, conserve malgré tout droit à des honoraires. Dans le principe, on peut penser que oui puisqu'ils ont pour cause le travail fourni ; quant au montant, il suffit de se référer au droit commun de la matière exprimé par l'article 10 de la loi : les honoraires tiennent compte, selon les usages, de la situation de fortune du client, de la difficulté de l'affaire, des frais exposés par l'avocat, de sa notoriété et de ses diligences. L'avocat, comme tout autre professionnel, a droit à une juste rémunération de son travail et de ses compétences et il n'y a aucune raison pour qu'il travaille en deçà des coûts d'exploitation de son cabinet ou que l'on brade ses connaissances. En cas de difficulté, des procédures de contrôle des honoraires existent et toute exagération pourrait donner lieu à des poursuites disciplinaires puisque les exigences de dignité, de probité et de délicatesse s'imposent aussi en ce domaine. Une contrainte particulière existe, issue de l'ancienne prohibition du pacte *de quota litis* : la convention écrite ne peut prévoir la fixation de l'honoraire en fonction du seul résultat du procès (art. L. 10) ; sous cette réserve, elle est abandonnée à la liberté des parties. Elle peut donc prévoir *a contrario* qu'à la rémunération des prestations effectuées – nécessairement due puisqu'indépendante de l'issue du procès – viendra s'ajouter, en fonction du résultat obtenu ou du service rendu, un honoraire de résultat. Les parties doivent simplement veiller à ce que l'honoraire de diligence apparaisse expressément pour chaque stade de la procédure, à défaut de quoi l'honoraire de résultat, seul apparent en appel, dégénère en stipulation illicite. Rien n'interdit en revanche de prévoir que l'honoraire de diligence sera déduit de l'honoraire de résultat, si celui-ci est dû. Quoique complémentaire à l'honoraire de diligence, l'honoraire de résultat peut en effet lui être supérieur en montant, mais la Cour de cassation considère depuis 1998, au visa paradoxal de l'ancien article 1134 C. civ., que le chiffre convenu entre les parties peut être réduit par le juge s'il apparaît exagéré au regard du service rendu. La convention peut être également annulée selon le droit commun, par exemple pour erreur ou pour contrainte morale. Le résultat quant à lui s'apprécie exclusivement en fin de procédure, une fois qu'il est irrévocablement acquis, et la Cour de cassation fait prévaloir, en cas de difficultés de recouvrement, la somme « effectivement et définitivement versée » au client sur celle qu'il aurait dû recevoir. L'attribution en nature d'un objet mobilier corporel à titre d'honoraire, tel un tableau, n'est pas prohibée, mais elle implique son évaluation préalable.

La pratique des barreaux avait naguère imaginé des barèmes indicatifs à seule fin de fournir aux avocats des repères chiffrés plutôt que des repères qualitatifs ; mais ils ont été condamnés au regard des règles internes et européennes de protection de la libre concurrence. Ils devraient réapparaître en matière de divorce en application de la loi du 13 décembre 2011, entrée en vigueur sur ce point le 1er janvier 2013, mais rien n'a encore été publié par la Chancellerie. Les seuls barèmes qui existent de nos jours émanent des plaideurs institutionnels (banques et compagnies d'assurances particulièrement), preuve que l'honoraire n'est pas forcément dicté par l'avocat. Certains de ces barèmes sont économiquement corrects ; d'autres sont pour la profession parfaitement inacceptables et l'avocat s'honore alors de refuser de s'y plier.

Comme l'avocat doit porter à la connaissance du client le mécanisme de détermination de ses honoraires et ce dès sa saisine puis de manière régulière, ainsi que l'exprime le décret de 2005 (art. 10 § 2), le conseil national de la consommation y a vu une invitation à réfléchir à la préconisation de l'affichage dans les cabinets, de façon visible pour le public, des tarifs les plus courants qui y sont pratiqués, du coût d'une consultation, du tarif horaire, des taux de TVA, des procédures de contrôle de l'honoraire, etc. L'initiative pour le moment n'a débouché sur aucune règle contraignante ; elle participe du mouvement contemporain de soumission de l'avocat au droit commun de la relation consumériste.

La convention d'honoraires prévoit naturellement la cadence des versements, mais la provision réclamée à l'ouverture du dossier peut tout à fait porter sur la totalité de la somme que, selon une estimation raisonnable, l'avocat peut imaginer réclamer au titre de ses frais et/ou honoraires en fin de dossier (*cf.* décret de 2005, art. 11). À défaut de paiement de la provision réclamée, l'avocat peut renoncer à s'occuper de l'affaire ou s'en retirer, ce qui n'est qu'une application de l'*exceptio non adimpleti contractus*. Mais il est tenu d'avertir le client en temps utile pour que celui-ci puisse prendre les mesures nécessaires à la défense de ses intérêts (décret de 2005, art. 11 et 13). La réclamation d'honoraires emprunte désormais la forme d'une « facture », généralement présentée HT et TTC ; l'avocat est assimilé à un agent économique quelconque soumis aux prescriptions du Code de commerce (art. L 441-3) et du Code général des impôts (art. 289.II). Ainsi sa facture doit par exemple mentionner la date à laquelle le règlement doit intervenir et à défaut de ce règlement le taux des pénalités exigibles ainsi que le montant de l'indemnité forfaitaire pour frais de recouvrement due au créancier.

Le RIN précise que les honoraires sont payés conformément à la réglementation en vigueur, notamment en espèces, par chèque, virement, billet à ordre ou carte bancaire ; le paiement par lettre de change n'est autorisé que si celle-ci est acceptée par le tiré, client de l'avocat. Pour la jurisprudence, toute entorse à cette règle n'a d'incidence qu'au plan disciplinaire, non au plan cambiaire sauf mauvaise foi du porteur.

On considérait naguère que l'avocat devait refuser le règlement de ses honoraires par un tiers s'il savait que ce tiers n'était pas éclairé sur les circonstances de l'affaire ou si ce règlement pouvait tomber sous le coup d'une incrimination : par exemple l'abus de biens sociaux lorsqu'un dirigeant voulait faire régler par sa société un dossier personnel. Le RIN aujourd'hui est plus catégorique : aucun paiement ne peut provenir d'un tiers sauf s'il est mandataire du client.

Depuis décembre 2016, des dispositions particulières du RIN (art. 19.4) envisagent le paiement des prestations en ligne. Ainsi l'avocat qui crée ou exploite son propre site ou sa plateforme et qui peut librement percevoir toute rémunération de ses clients, peut, le cas échéant, percevoir celle-ci par l'intermédiaire de l'un des établissements financiers assurant la sécurité des paiements en ligne, pour autant que l'identification du client reste aussi possible à cette occasion. L'avocat simplement référencé ou mis en relation avec un client par le site ou la plateforme d'un tiers doit s'assurer que les prestations fournies par ce site ou cette plateforme sont conformes au titre II de la loi du 31 décembre 1971 modifiée. Il ne peut fournir sa prestation que dans le respect du secret professionnel et de la règle du conflit d'intérêts et ne peut donc donner mandat à l'exploitant du site ou de la plateforme de référencement ou de mise en relation de percevoir pour son compte les honoraires qui lui reviennent, sauf à recourir à une entreprise agréée dans les conditions prévues au code monétaire et financier. S'il doit participer aux frais de fonctionnement du site ou de la plateforme, c'est uniquement de façon forfaitaire à l'exclusion de toute rémunération établie en fonction des honoraires par lui perçus au titre de ses prestations en ligne.

2 – L'accomplissement intellectuel de la mission

Devant se dévouer à son client, l'avocat doit œuvrer en toute indépendance, avec sérieux et honnêteté, et dans le respect du secret professionnel.

a) L'indépendance

Tout en respectant la liberté de son client, l'avocat doit veiller à maintenir intacte son indépendance personnelle, garante de la valeur des conseils qu'il fournit. Autant il est normal d'exiger de lui de tenir son client fidèlement au courant de la marche d'une procédure et, ainsi qu'on l'a dit, de prendre en compte les arguments, pièces et éléments que son client lui fournit, autant il n'est pas concevable qu'un avocat soit aux ordres de son client. L'avocat doit au contraire garder un esprit constamment critique et c'est rendre service à celui qui s'adresse à lui que d'indiquer les objections que sa thèse rencontre ou les arguments qui seraient susceptibles de mieux prospérer.

Ce devoir d'indépendance ne cesse pas lorsque l'avocat est en présence d'un client institutionnel. En aucun cas l'avocat ne peut se trouver en état de subordination juridique à l'égard d'un client. Il reste toujours maître de son argumentation.

À la limite, l'avocat est autorisé à rendre son dossier si la vue qu'il en a devient incompatible avec ce que le client demande ; sa seule obligation en ce cas est d'aviser le client en temps suffisamment utile pour pourvoir à la défense de ses intérêts (Décret de 2005, art. 13). S'il était mandataire, il doit aussi aviser le juge, la partie adverse ou son conseil et, devant le tribunal de grande instance, il n'est déchargé de la postulation que du jour où il est remplacé par un nouvel avocat constitué, au besoin commis par le bâtonnier (art. 419 C. pr. civ.).

Certains règlements intérieurs obligent légitimement l'avocat à cesser de prêter son concours à une partie si, un accord étant intervenu entre les parties en présence de leurs avocats, celle-ci venait sans motif légitime à ne plus le respecter.

Plus souvent qu'une divergence de vues, c'est le silence du client qui peut rendre difficile la poursuite sérieuse du travail. L'avocat n'a pas à relancer un client expérimenté qui ne lui répond pas. Mais vient un temps où l'abcès doit être percé : l'avocat doit « dégager sa responsabilité », en avisant suffisamment à l'avance le client.

Indépendant de son client, l'avocat n'a pas à lui faire d'avance financière, hormis s'il estime pouvoir le faire, celle des frais de procédure ; il ne peut ni lui consentir de prêts, ni s'entremettre pour négocier des prêts privés entre particuliers. Il ne doit jamais donner sa garantie personnelle pour l'exécution des engagements qui concernent ses clients.

b) L'honnêteté

Déjà manifestation d'indépendance, l'honnêteté commande à l'avocat, comme nous l'avons vu, de refuser les dossiers pour lesquels il n'a pas la compétence ou la disponibilité nécessaire. Mais, pour les dossiers qu'il accepte, elle lui impartit surtout de révéler, lorsqu'il surgit, son désaccord avec son client, quitte à devoir abandonner le dossier. En dehors de ce cas extrême, elle impose à l'avocat de respecter la position de son client : ainsi s'il sait que son projet d'assignation n'est pas approuvé par le client et que celui-ci vient de choisir un autre conseil, il ne peut faire délivrer l'assignation sans aviser ce dernier. De façon générale l'avocat doit respecter scrupuleusement les limites de son mandat ; l'article 697 du Code de procédure civile le rend d'ailleurs financièrement responsable des dépens des procédures menées en dehors desdites limites.

c) Le sérieux

Il appelle conscience professionnelle, dévouement, prudence et diligence. L'art. 3 du décret de 2005 rend en effet l'avocat débiteur d'un devoir général de prudence et de diligence puisqu'il doit observer toutes les règles qu'inspire à cette fin la sauvegarde des intérêts qui lui ont été confiés. Ainsi toute erreur de droit ou erreur professionnelle caractérisée peut être sanctionnée civilement et même disciplinairement. Une distinction s'est longtemps imposée selon la nature, intellectuelle ou procédurale, de la mission confiée : l'avocat était tenu comme conseil ou comme défenseur d'une obligation de moyens ; comme représentant ou *a fortiori* postulant, habilité à accomplir des démarches ou formalités de procédure, il était tenu d'une obligation de résultat. Cette distinction reste un repère, mais la jurisprudence actuelle tend à graduer davantage les situations et à alourdir globalement les devoirs de l'avocat.

L'avocat doit renseigner son client sur les procédures nécessaires, sur les délais applicables, sur les formes à suivre, sur les forclusions susceptibles d'être encourues. Il doit prendre toutes précautions pour assurer la régularité et la recevabilité des procédures qu'il engage ; ainsi s'il assigne à la requête d'un syndic de copropriété, penser à vérifier que celui-ci a bien été habilité par l'assemblée générale. Il doit de lui-même réclamer les pièces qui lui paraissent indispensables ou utiles. Il doit de manière générale préserver les intérêts de son client : prendre des conclusions conservatoires pour éviter une clôture ou une caducité ; renouveler une inscription hypothécaire s'il est porteur de la grosse et des bordereaux ; s'assurer de la solvabilité d'un acheteur ou vérifier si les garanties sont suffisantes, lorsqu'il est mandataire du vendeur ; prendre directement les instructions du client si, étant postulant, le *dominus litis* ne lui répond plus alors qu'une péremption menace… En matière dite juridique, il doit par exemple renseigner exactement son client sur le régime fiscal applicable ou les conséquences fiscales de l'acte qu'il passe.

En un mot, l'avocat doit faire preuve d'initiative et ne pas se contenter passivement des éléments que lui apporte son client.

Naturellement l'avocat doit tenir son client au courant du suivi du dossier et, s'il est en charge des intérêts d'une partie à la demande d'un tiers, son véritable client qui le rémunérera (ex. un assureur de responsabilité ou un assureur de protection juridique), veiller à ce que la partie au procès soit bien elle-même tenue au courant du déroulement de l'affaire. Cette mission d'information des étapes de la procédure n'est pas toujours sans inconvénient ou quiproquo, chaque fois notamment que le client – peu habitué aux mœurs judiciaires – prend les « conclusions » de son adversaire, texte par définition contraire à sa cause, pour le jugement lui-même !

L'avocat doit tout autant prévenir son client s'il reçoit de son contradicteur des offres ou des propositions amiables, preuve qu'au barreau aussi, et quoiqu'en pense le grand public, une mauvaise transaction vaut mieux qu'un bon procès. L'avocat ne peut cependant se dessaisir, même en photocopie, de la lettre du confrère qui reste confidentielle tant que l'accord n'est pas intervenu ; il doit donc soit aviser verbalement son client, soit reproduire sur son propre papier les propositions du confrère.

L'avocat est bien évidemment tenu de se présenter à l'audience, même s'il n'y a évidemment aucune faute à simplement déposer un dossier non complexe. La pratique révèle à cet égard un décalage important entre la vision des clients qui ne jurent que par de longues plaidoiries et de grands effets de manches et la vision des professionnels, magistrats y compris, qui dans des matières techniques ou soumises inévitablement à de longs délibérés, apprécient des dossiers solidement documentés, appuyés par des conclusions écrites complètes, mais tolérant un minimum d'observations orales. L'article 440, alinéa 3 du Code de procédure civile permet d'ailleurs au président de faire cesser les plaidoiries lorsque la juridiction est suffisamment éclairée. La jurisprudence refuse donc de reprocher à un avocat son absence ou sa concision lorsqu'elle constate qu'il n'en est résulté aucun préjudice pour le client. Plus délicat est le problème de la substitution à l'audience, lorsque l'avocat choisi par le client se fait remplacer par un associé ou un collaborateur ou même plus généralement un confrère qui lui rend ce service à charge de revanche. Le procédé ne peut être condamné ; ce serait méconnaître les contraintes qui s'attachent à la tenue simultanée de multiples audiences auxquelles l'avocat ne peut se rendre en même temps, ainsi que l'impossibilité d'obtenir toutes les remises que l'on réclame ; généralement d'ailleurs l'avocat a pris soin de monter lui-même le dossier qui sera remis au tribunal ou de l'expliquer à son substitut et il ne recourt à ce remplacement que pour les dossiers qui peuvent s'en accommoder. Il n'empêche que dans la mesure où la plaidoirie conserve une utilité spécifique, un avocat spécialisé ou de renom, choisi à ce titre par le client et rémunéré à la hauteur de sa réputation, fera bien, s'il ne peut plaider lui-même, d'expliquer préalablement la difficulté à son client et de se ménager son accord.

L'avocat doit accomplir toutes les diligences permettant d'éviter forclusion, prescription ou péremption. Il doit procéder à bonne date aux formalités nécessaires : enrôlement, dépôt des constitutions ou conclusions au greffe…

d) Le secret professionnel

Selon une belle expression, l'avocat se veut une conscience à laquelle s'adresse une confiance. L'avocat doit respecter cette confiance en ne révélant rien des confidences qui lui sont faites. Aussi est-il débiteur d'un secret professionnel qui lui est imposé, non seulement dans l'intérêt de son client, mais plus encore pour des raisons d'ordre public ou d'intérêt social tenant au caractère libéral de notre démocratie. Pour les mêmes raisons, l'avocat est en même temps créancier du secret : les tiers, au premier rang desquels figurent les autorités judiciaires, policières ou administratives, ne peuvent normalement s'immiscer dans les échanges qu'il a avec son client. La loi du 7 avril 1997 a voulu renforcer cet aspect.

1) L'avocat débiteur du secret

L'article 4 du décret de 2005 précise que l'avocat, en toute matière, ne doit commettre aucune divulgation contrevenant au secret professionnel. C'est là une obligation absolue, sanctionnée pénalement (art. 226-13 C. pén.) et disciplinairement. Elle vaut à l'avocat d'échapper à l'obligation de dénonciation résultant de l'article 434-1 C. pén. (*cf.* dernier alinéa du texte) et elle ne cède que devant la nécessité pour l'avocat mis en cause dans une procédure pénale ou dont la responsabilité civile est recherchée ou dont les honoraires sont contestés de défendre sa cause, auquel cas il peut exceptionnellement faire état de ce qui est strictement nécessaire à cette défense, réserve faite des documents médicaux remis par le client. Cette obligation au secret est également illimitée dans le temps ; selon le CNB le client ne peut en délier l'avocat ; on opinait plutôt en sens contraire autrefois mais en précisant qu'en toute hypothèse l'avocat restait maître de ne pas révéler ce qu'il estimait en conscience ne pas devoir l'être ; la Cour de cassation admet de son côté qu'un client puisse rendre lui-même publique la lettre qu'il a adressée à son avocat.

Le secret a toutefois ses limites : ainsi la loi du 28 mars 2011 qui permet à l'avocat d'être mandataire sportif l'autorise expressément et même lui impose de communiquer son mandat et le contrat négocié aux fédérations sportives délégataires et aux ligues professionnelles qu'elles ont constituées.

Le désir de lutter contre le blanchiment des capitaux et le financement du terrorisme a également conduit à une directive européenne 2001/97/CE prévoyant d'étendre au barreau certaines de ses obligations, dont une « déclaration de soupçon » lorsque le professionnel assiste son client dans des transactions concernant l'achat et la vente d'immeubles ou de fonds de commerce, la gestion des capitaux, l'ouverture de comptes bancaires, l'organisation des apports nécessaires à la création de sociétés, la constitution, la gestion ou la direction de sociétés, fiducies de droit étranger ou toute autre structure similaire, longue litanie quelquefois résumée par l'expression plus concise d'ingénierie financière ou juridique. Finalement transposée en droit interne par la loi du 11 février 2004 et son décret d'application du 26 juin 2006, cette directive a été remplacée par celle 2005/60/CE du 26 octobre 2005 qui assimile aux produits du crime ceux d'infractions « graves », telles que les fraudes notamment fiscales ou la corruption. Transposée en droit interne par une ordonnance du 30 janvier 2009 et complétée par l'article 1.5 du RIN, cette législation soumet l'avocat à deux obligations. L'avocat est tout d'abord tenu d'une obligation générale de prudence et de vigilance lui imposant « en toutes circonstances » d'identifier précisément son client, de déterminer le bénéficiaire effectif de l'opération juridique pour laquelle il est sollicité, d'apprécier la nature et l'étendue de cette opération et de s'abstenir d'intervenir s'il n'est pas en mesure de faire cette appréciation ; simplifiée en présence de banques ou de sociétés cotées dans l'Union, cette obligation est renforcée lorsque le client ne vient pas en personne ou réside à l'étranger et se trouve politiquement exposé ; la vigilance doit être maintenue tout au long de la relation d'affaires. L'avocat est ensuite tenu d'une obligation de déclaration de soupçon, lorsqu'il représente son client pour la réalisation d'une opération immobilière ou financière ou l'assiste pour l'une des opérations d'ingénierie juridique ou financière énumérées plus haut et qu'il n'a « pas de certitude » sur sa licéité ; mais, dérogation consentie à la profession, il est simplement prévu qu'au lieu d'adresser sa déclaration à *Tracfin* conformément au droit commun, l'avocat l'adresse à son bâtonnier qui lui-même la fait suivre dans les 8 jours sauf s'il considère « qu'il n'existe pas de soupçon de blanchiment de capitaux » ; si le bâtonnier ne transmet pas à *Tracfin*, il doit aviser le CNB qui fait rapport semestriel au garde des Sceaux des situations n'ayant pas donné lieu à communication. À l'exception de l'hypothèse de l'avocat fiduciaire, *Tracfin* ne peut demander à un avocat la communication des pièces qu'il possède que par l'intermédiaire du bâtonnier. À l'effet de renforcer le dispositif et de transposer la nouvelle directive européenne du 20 mai 2015, l'ordonnance du 1er décembre 2016 permet à *Tracfin* d'interroger directement la CARPA, mais c'est encore le bâtonnier qui doit s'entremettre pour la réponse. L'avocat, la CARPA et le bâtonnier ne peuvent informer le client de l'exercice par *Tracfin* de son droit de communication. En définitive, le secret professionnel ne résiste réellement que dans deux domaines : a) la consultation sauf si celle-ci est fournie aux fins de blanchiment de capitaux ou de financement du terrorisme ou en sachant que le client souhaite obtenir des conseils juridiques à l'une de ces fins ; b) la défense en justice, que les informations soient reçues ou obtenues avant, pendant ou après la procédure, y compris dans le cadre de conseils relatifs à la manière d'engager ou d'éviter la procédure. Au résultat de cette dernière constatation, la Cour européenne des droits de l'Homme considère que la réglementation française ne porte pas une atteinte disproportionnée au secret professionnel. Les avocats devant mettre en place des procédures écrites de prévention des risques de blanchiment et sensibiliser leur personnel à ces risques et les ordres ayant à les contrôler spécifiquement en ce domaine, le CNB a adopté en juillet 2007 une décision normative relative aux procédures internes destinées à mettre en œuvre les obligations de lutte contre le blanchiment des capitaux. Issu du décret du 6 janvier 2010, l'article D. 155 impose à l'avocat, au titre de la vérification du respect de ses obligations en matière de lutte contre le blanchiment, de pouvoir présenter au bâtonnier, sur sa demande, les documents dont la conservation est imposée par l'article L. 561-12 du Code monétaire et financier, relatifs à l'identité des clients et aux opérations faites par eux.

À l'égard des tiers et comme s'en exprime l'article L. 66-5 modifié par la loi du 7 avril 1997, le secret professionnel couvre l'ensemble des consultations, correspondances, notes d'entretien et plus généralement *toutes les pièces* du dossier ; l'avocat n'a pas à s'en dessaisir et il doit à l'évidence taire le nom de ses clients ou la nature de leurs difficultés ; le RIN vient cependant d'admettre en avril 2007 dans les procédures d'appels d'offres publics ou privés et d'attribution des marchés publics l'indication possible par l'avocat des références nominatives d'un ou de plusieurs de ses clients, mais sous condition d'obtention de leur accord « exprès et préalable » (art. 2.2) ; le Conseil d'État a validé cette précision au constat que l'existence même d'un marché de services juridiques conclu avec une personne publique ne peut légalement être confidentielle sous réserve des cas de secrets protégés par la loi. S'il communique avec ses clients par voie électronique, l'avocat doit prendre toutes précautions pour préserver la confidentialité des informations à transmettre et, avant de répondre au message du client, vérifier l'identité de celui-ci, l'authenticité du message et l'adresse électronique à laquelle la réponse sera transmise.

L'avocat ne peut révéler les maniements de fonds qu'il effectue dans l'intérêt de ses clients. Certains avocats ont pris prétexte de ce dernier point pour mettre en cause les dispositions des règlements intérieurs leur imposant de fournir à la CARPA les justificatifs des règlements pécuniaires effectués ; il faut en effet souligner que dans le désir de rendre superflue l'application aux avocats de la directive européenne de lutte contre le blanchiment d'argent, les CARPA avaient institué un contrôle préventif rigoureux imposant, conformément à l'article 8, § 6 de l'arrêté du 5 juillet 1996, la production de l'acte juridique ou de la décision justifiant l'objet et la cause du mouvement de fonds ; la jurisprudence a opportunément refusé de mettre en cause la légalité de ce contrôle qui, appelant dans la stricte mesure nécessaire au partage du secret avec les autorités ordinales elles-mêmes, n'emporte pas en réalité violation du secret professionnel.

Vis-à-vis du juge et de la partie adverse, et quoique le texte ici encore ne fasse pas apparaître cette différence puisqu'il vise plus le droit que le devoir, le secret professionnel ne couvre que les confidences reçues du client ; il ne saurait en effet aller au-delà puisqu'il serait absurde d'interdire à l'avocat de verser aux débats les propres pièces de son dossier ! C'est même selon nous de façon abusive qu'il pourrait être prétendu que tous les documents reçus du client sont couverts par le secret. Certes ceux-ci le sont par principe. Mais, dans la masse des informations reçues du client, les confidences *stricto sensu*, c'est-à-dire les secrets confiés, sont rares et plus encore les confidences écrites et c'est une vue erronée du barreau que d'imaginer que les clients, surtout les nouveaux ou ceux rencontrés fortuitement par le hasard d'une désignation, se confieront facilement à leur avocat. Ce que l'avocat en revanche reçoit en nombre, ce sont des indications ou des observations à produire au juge pour appuyer le dossier ou contrer celui de l'adversaire : décomptes chiffrés, plan des lieux, protestations, rectifications, véritables témoignages *pro domo*... parfois même en forme d'attestations ! Si ces éléments ne sont pas mélangés de confidences, le secret professionnel ne saurait logiquement les couvrir. Le débat ici est ailleurs, l'avocat devant seulement veiller à bien trier cette littérature puisqu'il pourrait répondre d'avoir laissé passer une indication susceptible de se retourner contre le client.

L'avocat veille bien évidemment à ce que son personnel observe lui-même un silence complet sur les dossiers du cabinet. Il veille aussi, lorsqu'il adresse un *fax* à un client, à éviter toute divulgation intempestive pour le cas où le document serait délivré par erreur à un autre numéro ou pourrait chez son client tomber sous d'autres yeux.

L'article D. 160 liait naguère au secret professionnel l'obligation de respecter « notamment » le secret de l'instruction. On change toutefois ici totalement de registre, puisqu'il ne s'agit plus d'évoquer les confidences du client, mais des informations provenant de procédures pénales, par nature incommunicables dans l'intérêt de l'enquête ou de la répression. On rejoint ici une acception beaucoup plus large qui, aux confidences faites par le client, ajoute « toutes les informations qu'a pu recueillir l'avocat à l'occasion de l'exercice de ses fonctions et les déductions personnelles qu'il en a faites ».

À la suite du CNB qui avait à juste titre séparé du « secret professionnel » au sens strict entendu plus haut le « secret de l'enquête et de l'instruction », le décret de 2005 traite séparément ce second secret en son article 5. En ce dernier domaine et que les informations soient glanées au parquet ou dans le dossier d'une information en cours, l'avocat ne peut rien diffuser aux tiers. On signalera d'ailleurs à cet égard et pour preuve de l'amplitude du secret imposé à l'avocat : 1) l'interdiction faite par l'article 66-3 C. pr. pén. à un avocat intervenant en garde à vue d'en parler à qui que ce soit avant l'expiration de cette mesure ; 2) la nouvelle infraction issue de la loi du 9 mars 2004 et prévue par l'article 434-7-2 du Code pénal (*infra* titre 4).

Mais le secret de l'instruction pose le problème inverse des intérêts de la défense et de la divulgation par l'avocat à son propre client de ce qu'il a appris à la lecture du dossier. En tant déjà qu'il vise à protéger un présumé innocent, le secret de l'instruction ne s'impose pas à l'accusé ; son avocat peut donc faire une déclaration commandée par l'intérêt de la défense. L'avocat de la partie civile peut lui aussi s'exprimer dans l'intérêt de son client. Pour les besoins de la défense encore (par ex. argumenter une demande de contre-expertise), l'avocat peut remettre à un tiers une copie d'un rapport d'expertise. L'avocat peut donc « dans l'exercice des droits de la défense » parler du contenu du dossier à son client. Mais peut-il lui fournir copie des pièces de l'instruction, par exemple copie des auditions de témoins ? Naguère encore, c'était impossible avant clôture de l'information tant on redoutait les manœuvres de l'inculpé auprès desdits témoins ; l'avocat ne pouvait qu'informer verbalement son client et dans la stricte mesure des nécessités de la défense. Depuis la loi du 30 déc. 1996 (nouvel art. 114 C. pr. pén.), l'avocat peut désormais transmettre à son client – et lui seul – une reproduction des pièces du dossier après en avoir informé le juge d'instruction qui peut s'y opposer par décision motivée. La remise des pièces ne peut elle-même avoir lieu avant d'avoir renseigné le client sur les obligations que lui impose l'article 114-1 C. pr. pén. et obtenu de lui l'attestation écrite prévue par l'article 114, alinéa 5.

2) L'avocat créancier du secret

Ainsi qu'on l'a vu, les correspondances échangées entre l'avocat et son client, leurs annexes, les consultations qu'il lui adresse, les notes d'entretien, les lettres échangées avec les confrères et plus généralement toutes les pièces du dossier sont couvertes par le secret professionnel (art. L. 66-5). L'avocat est donc en droit de refuser aux tiers d'en prendre connaissance, s'agissant même de professionnels avec qui il collabore sur un même dossier. Depuis la loi précitée du 7 avril 1997, la règle est posée « en toutes matières, que ce soit dans le domaine du conseil ou celui de la défense », précision apportée pour briser la jurisprudence de la chambre criminelle qui distinguait activité judiciaire et activité juridique au motif que l'avocat ne pouvait en ce dernier domaine invoquer *stricto sensu* les droits de la *défense*. La législation française tranche ainsi avec la formule apparemment plus restrictive de la Cour de justice de l'Union européenne qui souligne que l'avocat ne peut opposer la confidentialité aux agents de l'administration que s'il agit comme « collaborateur de la justice » ; sur un autre plan cependant, la jurisprudence européenne a le mérite de souligner que, faute d'indépendance suffisante, l'avocat salarié d'un employeur non avocat – statut permis par certaines législations – ne peut revendiquer la confidentialité. La question a fait débat en France avec le projet d'avocat « en entreprise » qui n'a pas été adopté ; on peut s'en féliciter, car il est permis de douter qu'un tel avocat puisse sérieusement opposer le secret à son propre employeur.

L'avocat communique librement avec son client détenu ou avec son client en redressement ou en liquidation judiciaire. Personne n'a le droit de lire ou d'ouvrir les lettres qu'il adresse ou celles qu'il reçoit. Il faut cependant qu'il s'agisse de correspondances cachetées et non de billets circulant à découvert et il lui est demandé d'apposer sur les enveloppes qu'il utilise, une indication apparente de provenance (*cf.* art. D. 69 C. pr. pén.). Personne non plus ne peut les saisir ; l'article 432 C. pr. pén. édicte d'ailleurs que la preuve par écrit ne peut résulter de la correspondance échangée entre le prévenu et son avocat.

Ces règles ont pour fondement l'utilité sociale du secret professionnel dans une société libérale. L'avocat peut donc également refuser son témoignage en justice depuis un arrêt de principe de 1862, auquel faisait écho la tradition des barreaux français : l'avocat juge en conscience de ce qu'il doit révéler (art. 346).

Il a été jugé en revanche, sous l'empire de l'ancienne saisie-arrêt, que le secret professionnel n'était pas concerné lorsqu'un avocat, détenteur de fonds appartenant à un tiers, se trouvait interpellé en qualité de « tiers saisi » ; décider le contraire aurait abouti à créer une catégorie privilégiée de débiteurs saisis que ne prévoyait aucun texte. La difficulté est aujourd'hui évacuée puisque c'est la CARPA qui a seule la qualité de tiers saisi ; à elle donc de répondre à l'huissier, même simplement qu'elle va interroger l'avocat, lequel quant à lui doit lui faire réponse « sans délai ».

Il est surtout admis par les tribunaux que le secret professionnel doit supporter certaines atteintes, si l'avocat participe au crime ou au délit, se fait complice de son client ou met à l'abri en son cabinet des éléments de preuve qu'il désire soustraire à la justice pour protéger son client, en clair s'il se rend lui-même coupable d'une infraction. Ces exceptions dont la jurisprudence actuelle reste trop friande, soulèvent la question des perquisitions chez l'avocat. Normalement le cabinet de l'avocat est inviolable, ainsi que son domicile. Mais le cabinet d'avocat n'est pas un lieu d'asile ; il n'est inviolable que dans la mesure où il ne s'y commet aucun délit. La Cour européenne des droits de l'homme fait donc une distinction : autant elle exclut la possibilité d'une perquisition aux fins de découvrir chez l'avocat, en cette qualité, des documents susceptibles d'étayer la culpabilité de son client, autant elle admet cette perquisition s'il s'agit de rechercher les éléments de sa fraude personnelle. Le Code de procédure pénale admet donc perquisitions et saisies mais dès lors qu'elles sont effectuées par le juge d'instruction et en présence du bâtonnier ou de son délégué (art. 56-1 C. pr. pén.). Pour la Cour de Strasbourg ces garanties sont transposables à l'avocat de l'Union européenne accomplissant en France une prestation occasionnelle sous son titre d'origine. Jusqu'à la loi du 15 juin 2000, le magistrat prenait seul connaissance des papiers et documents découverts avant d'effectuer leur saisie ; devant toutefois respecter les communications confidentielles entre l'avocat et ses clients, il était tenu, s'il avait un doute sur le caractère confidentiel d'un document, de prendre l'avis du bâtonnier ; il se déterminait ensuite librement à charge pour le bâtonnier dont l'avis n'était pas suivi de faire acter ses réserves au procès-verbal. Dorénavant le bâtonnier est seul avec le juge à pouvoir prendre connaissance des documents découverts ; il peut s'opposer à la saisie, auquel cas le document est placé sous scellés pour être transmis avec ses objections au juge des libertés qui statue dans les cinq jours, après avoir entendu le juge d'instruction, l'avocat concerné et le bâtonnier ; selon la décision prise par ce magistrat, le document est restitué à l'avocat ou versé au dossier de la procédure. Ce nouveau dispositif n'est pas sans limites : la correspondance entre un avocat et son client peut être saisie selon le droit commun, par le juge ou un officier de police judiciaire, si c'est chez le client qu'a lieu la perquisition : seul le lien entre cette correspondance et l'exercice des droits de la défense peut faire obstacle à la saisie. Le juge d'instruction peut encore faire mettre sur écoute téléphonique un avocat, qu'il s'agisse de sa ligne personnelle ou de celle du cabinet, à simple charge d'en tenir informé le bâtonnier à peine de nullité de la procédure (art. 100-7 C. pr. pén.) et de responsabilité de l'État pour faute lourde. Par ailleurs, pour la Cour de cassation, aucune disposition légale ou conventionnelle ne fait obstacle à la captation, à l'enregistrement et à la transcription des propos d'un avocat intervenant sur la ligne téléphonique d'un tiers régulièrement placée sous écoute, dès lors que ces propos, étrangers à l'exercice des droits de la défense dans la procédure en cause ou dans toute autre, révèlent des indices de la participation de cet avocat à des faits susceptibles de qualification pénale.

Le droit fiscal, le droit douanier et le droit de la concurrence admettent des perquisitions et visites domiciliaires des agents de l'administration sur autorisation du président du tribunal de grande instance ; elles sont possibles au cabinet ou au domicile de l'avocat, sans même que les garanties minimales du Code de procédure pénale aient été jugées transposables, ce que l'on doit regretter.

On déplorera de même que, pour la chambre criminelle, un simple particulier puisse produire en preuve l'enregistrement clandestin d'une conversation téléphonique entre un avocat et son client, alors qu'en procédure civile un tel enregistrement constitue un procédé déloyal rendant irrecevable sa production à titre de preuve.

C – La cessation de la mission

L'avocat doit évidemment rendre fidèlement compte au client du jugement rendu, lui donner toutes explications sur les délais et modalités des voies de recours et lui donner son avis sur l'opportunité d'un recours. Il doit aussi rendre à son client le dossier qui lui appartient et faire avec lui le compte de ce qui est dû de part et d'autre.

1 – La restitution du dossier

Lorsqu'il a accompli sa mission et, en cas de rédaction d'acte, après accomplissement des formalités, l'avocat doit remettre à son client les pièces justifiant de l'exécution de sa mission, par exemple le jugement ou sa transcription ou l'exemplaire de l'acte qui revient au client. L'art 14 du décret de 2005 l'invite aussi, lorsque l'affaire est terminée ou qu'il en est déchargé, à restituer sans délai les pièces dont il est dépositaire. On rappellera que le Code civil prescrit par 5 ans à dater de la cessation de leur concours l'action en responsabilité engagée contre les personnes qui ont représenté ou assisté les parties en justice « y compris à raison de la perte ou de la destruction des pièces qui leur ont été confiées » (art. 2225). En aucun cas l'avocat ne peut exercer sur le dossier le moindre droit de rétention même s'il n'est pas réglé de ses frais et honoraires. Les difficultés avec le client relatives à la restitution des pièces sont d'ailleurs réglées selon la même procédure que celles concernant les honoraires et provisions.

2 – L'apurement des frais et honoraires

Il peut être amiable ou contentieux.

a) L'apurement amiable

L'article 12 du décret de 2005 requiert de l'avocat qu'il remette à son client, avant tout règlement définitif, un compte détaillé faisant ressortir distinctement :

– les frais et déboursés ;

– les émoluments tarifiés ;

– et les honoraires, avec mention des sommes précédemment reçues à titre de provision ou autre. Ce compte doit *a fortiori* être présenté chaque fois qu'une procédure est initiée à raison d'une contestation des honoraires ou d'une demande de taxe des frais.

b) L'apurement contentieux

L'ordonnance du 20 août 2015 relative au règlement extrajudiciaire des litiges de consommation impose depuis 2016 à tout professionnel lié par un contrat avec un consommateur de lui permettre de recourir gratuitement à un médiateur de la consommation en vue de la résolution amiable des litiges survenant entre eux. Applicable aux avocats lorsque leur client est une personne physique qui agit à des fins n'entrant pas dans le cadre de son activité professionnelle indépendante, ce dispositif a conduit le CNB à inviter les avocats à mentionner dans les conventions d'honoraires les coordonnées du médiateur national de la profession d'avocat. L'existence de ce médiateur n'exclut cependant pas la mise en place d'un dispositif local de médiation de la consommation au sein du cabinet ou du barreau, pour autant que le médiateur désigné soit inscrit sur la liste nationale des médiateurs de la consommation.

Si la médiation échoue ou s'il n'y est pas fait recours, parce que le client n'a pas la qualité de consommateur ou n'est pas intéressé, deux procédures contentieuses distinctes existent selon qu'il s'agit de contrôler des honoraires libres ou des frais tarifés.

1) Concernant les honoraires

Ce sont les articles D. 174 à 179 qui s'appliquent, étant observé d'une part que réservée aux seules difficultés entre l'avocat et son client, cette procédure n'a pas d'application aux litiges entre avocats et d'autre part qu'étant d'ordre public, elle s'impose même en droit international privé nonobstant toute clause compromissoire contraire. La réclamation, qu'elle concerne le montant, le recouvrement ou la répétition, qu'elle émane du client ou de l'avocat, doit être exclusivement adressée au bâtonnier par lettre recommandée avec accusé de réception ou contre récépissé. Cette lettre a la valeur d'une demande en justice et, sauf interpellation antérieure, marque le point de départ des intérêts moratoires. Le bâtonnier dispose de quatre mois pour trancher ; il peut cependant, si le cas requiert des investigations particulières, proroger dans la limite de quatre mois complémentaires le délai initial par décision motivée, notifiée aux parties. Si aucune décision ne parvient à l'issue du délai normal ou du délai prorogé, le réclamant peut pendant un mois saisir directement le Premier président de la cour d'appel, faculté dont le bâtonnier a dû lui rappeler l'existence lors de l'accusé de réception de sa demande. S'il laisse passer ce délai, il peut renouveler sa demande auprès du bâtonnier.

Le bâtonnier ou son délégataire doit instruire contradictoirement le dossier ; le décret de 1991 réagit opportunément sur ce point à certaines pratiques antérieures qui amenaient des bâtonniers, peut-être surchargés par les réclamations, à statuer sans recueillir les observations des intéressés. Sa décision qui revêt un caractère arbitral doit d'ailleurs être motivée, la Cour de cassation obligeant le juge de l'honoraire à préciser les diligences accomplies et les critères de son évaluation ; cette décision est ensuite notifiée dans les 15 jours à l'avocat et à la partie qui peuvent alors durant un mois former un recours devant le Premier président. Celui-ci est saisi par lettre recommandée avec demande d'avis de réception. L'avocat et la partie sont convoqués par le greffier en chef 8 jours au moins à l'avance et le Premier président les entend contradictoirement ; la procédure étant orale, la partie qui ne comparait pas est censée ne présenter aucun moyen ; le Premier président peut à tout moment renvoyer l'affaire à la cour elle-même en formation collégiale qui procède selon les mêmes formes. L'ordonnance ou l'arrêt est notifié par le greffe par lettre recommandée avec accusé de réception ; cette notification fait courir le délai de pourvoi en cassation.

À défaut de recours devant le Premier président, la décision du bâtonnier peut recevoir force exécutoire par ordonnance du président du tribunal de grande instance, saisi par l'avocat ou la partie. Le bâtonnier ne peut la rendre exécutoire par provision.

Si la contestation concerne les honoraires du bâtonnier, c'est le président du tribunal de grande instance qui reçoit compétence pour apprécier ; il est alors saisi et procède selon les mêmes règles que ci-dessus, mais il est à souligner qu'il ne peut renvoyer l'affaire au tribunal lui-même.

Il est à rappeler que depuis la réforme du 17 juin 2008, la prescription de l'action en recouvrement des honoraires contre une personne de droit privé a été considérablement raccourcie : de 10 ans contre un client commerçant, elle est tombée à 5 ans (art. L 110-4 C. com.) ; de 30 ans contre un client non commerçant elle est tombée à deux ans chaque fois que le client a la qualité de « consommateur » (art. L 137-2 C. consom.) et à 5 ans lorsqu'il n'a pas cette qualité (art. 2224 C. civ.). Contre une personne de droit public, c'est la déchéance quadriennale qui a vocation à intervenir.

Traditionnellement aucune confusion ne saurait enfin être faite entre le contentieux de la fixation des honoraires et celui de la responsabilité de l'avocat ; si le client prétend ne pas payer à raison de fautes de son avocat, le bâtonnier et le Premier président n'ont pas compétence pour examiner ce moyen ; le client est obligé d'introduire une action devant le tribunal de grande instance. La question n'a jamais fait difficulté lorsque le client reproche à l'avocat un mauvais conseil ou une mauvaise défense ; elle a en revanche fait débat lorsque le client reproche à l'avocat la mauvaise lisibilité de ses critères de facturation ; la 1re chambre civile en ce cas précis a invité le juge de l'honoraire à prendre en compte les manquements de l'avocat à son obligation d'informer au préalable le client sur les conditions de calcul de sa rémunération ; la 2e chambre civile qui statue dorénavant en la matière, maintient au contraire que le juge de l'honoraire n'a pas à connaître, même à titre incident, des manquements éventuels de l'avocat à son obligation d'information.

2) Concernant les frais tarifés

Pour les frais et émoluments de procédure revenant aux avocats au titre de la postulation devant le tribunal de grande instance, et dont on sait que la loi Macron les a supprimés depuis le 8 août 2015 sous la réserve des émoluments maintenus en matière de saisie immobilière, partage, licitation et sûretés judiciaires, c'est la procédure de vérification et de recouvrement prévue par les articles 704 et suivants du Code de procédure civile qui s'applique, observation ici faite que l'avocat qui entend recouvrer ses frais et émoluments au titre des dépens le fait, selon la décision du juge, contre son adversaire ou son client. La vérification est faite par le greffier du tribunal ; le compte vérifié est ensuite notifié à charge pour le destinataire, s'il conteste, à devoir présenter lui-même dans le mois de la notification une demande de taxe, dûment motivée, au président du tribunal de grande instance. Ce dernier statue à charge de recours dans le mois devant le Premier président de la cour d'appel. Président du tribunal et Premier président de la cour peuvent l'un et l'autre renvoyer l'affaire à la juridiction collégiale.

Depuis l'abrogation de l'ancien article 2273 du Code civil par la réforme du 17 juin 2008, l'action en recouvrement des frais et émoluments, à défaut d'un texte particulier, se prescrit par les mêmes délais que l'action en recouvrement des honoraires : 5 ans contre un commerçant ou un non consommateur ; 2 ans contre un « consommateur ».

3 – La transmission des fonds clients

Alors qu'il était inconcevable jadis que l'avocat pût s'entremettre dans des règlements financiers, sa qualité de mandataire l'amène aujourd'hui sans contestation déontologique à manier des fonds qui transitent par lui à l'intention de ses clients ou de ses adversaires. L'avocat ne peut cependant procéder à des règlements pécuniaires que s'ils sont l'accessoire des actes juridiques ou judiciaires accomplis dans le cadre de son exercice professionnel (art. D. 229, modifié, *in fine*).

Nous avons vu déjà que la loi obligeait les avocats collectivement ou individuellement à prendre des garanties pour la représentation de ces fonds qui, par définition même, ne leur appartiennent pas et que, pour faciliter les transferts et surtout leur contrôle, les barreaux ont mis en place des caisses de règlements pécuniaires dont les avocats sont nécessairement adhérents.

Sauf lorsqu'ils n'excèdent pas 150 euros, somme à concurrence de laquelle ils peuvent être exécutés en espèces contre quittance, les règlements pécuniaires se font exclusivement par chèques ou virements bancaires ou postaux. Les barreaux étant tenus par la loi de créer obligatoirement une CARPA (art. 53-9°), les avocats ont à la CARPA un compte individuel sur lequel ils déposent les fonds qu'ils reçoivent et duquel ils retirent, par chèques ou virements donc, les fonds qu'ils doivent faire suivre. Sous réserve des fonds reçus en qualité de fiduciaire, l'utilisation de la CARPA est pour eux obligatoire, interdiction leur étant faite de recevoir une procuration qui leur permettrait de manœuvrer des comptes ouverts au nom de leur client ou d'un tiers (art. D. 235-2). Des règles comptables précises s'imposent à eux, fixées par le règlement intérieur : tenue d'une comptabilité par dossier, tenue d'un livre journal... et leur comptabilité qui fait l'objet d'une vérification par le bâtonnier au moins une fois l'an, à destination du parquet général (art. D. 235), doit pouvoir être présentée à toute demande du bâtonnier ou, en cas de contestation d'honoraires ou de demande de taxe, du président du tribunal ou du Premier président de la cour d'appel (art. D. 232).

Pour éviter tout soupçon de complicité de blanchiment d'argent, les avocats sont invités, systématiquement ou sur sondages à première réquisition de la CARPA, à communiquer l'acte juridique ou judiciaire qui justifie le mouvement d'argent.

Pour renforcer la sécurité des règlements, l'article 240-1 nouveau, issu de la réforme de 1996, précise que le compte individuel de chaque avocat est divisé en autant de sous-comptes qu'il y a d'affaires traitées par l'avocat. L'objectif est d'interdire tout mouvement de fonds entre sous-comptes, puisque cela reviendrait à payer un créancier avec l'argent d'un autre. Aucun sous-compte bien sûr ne doit présenter de solde débiteur. L'article 241 nouveau encadre strictement les retraits : ceux-ci dorénavant ne peuvent intervenir sans le contrôle préalable de la CARPA. La réforme a pour objectif de supprimer la pratique éminemment souple, mais dangereuse, consistant à laisser à chaque avocat un carnet de chèques CARPA lui permettant de sortir lui-même les fonds. La profession avait d'ailleurs largement abandonné ce système, encore en usage dans quelques petits barreaux paisibles, pour lui préférer la lettre-chèque émise par un service centralisateur sous contrôle du bâtonnier ou du président de la CARPA.

Si l'avocat entend prélever sur les fonds-clients le reliquat d'honoraires qui lui est dû, il doit justifier auprès de la CARPA de l'autorisation écrite préalable du client (art. D. 241 nouveau). Littéralement le texte n'étend pas cette exigence à un simple remboursement de frais.

L'arrêté du 5 juillet 1996 précise les obligations de l'avocat dans le souci d'éviter toute mise en sommeil au détriment des propriétaires des fonds :

– dépôt des fonds à la CARPA dès leur réception (art. 12) ;

– reversement au bénéficiaire dès encaissement définitif et dans le respect des conventions de délais de bonne fin conclues entre la caisse et l'établissement de crédit dépositaire (art. 13) ; quoique le texte ne s'en exprime point, il est légitime de maintenir l'usage de ne délivrer les fonds qu'après régularisation et retour de la quittance si la partie débitrice en a sollicité une ;

– investigations auprès du bénéficiaire chaque fois qu'un chèque émis n'est pas présenté au débit dans un délai normal d'encaissement (art. 14) ;

– transfert des fonds sur un compte spécial de la caisse chaque fois qu'ils ne peuvent être remis au bénéficiaire, les fonds restant à la disposition de l'intéressé ou de tout ayant droit jusqu'à prescription (art. 14, *in fine*).

II – Les rapports avec les confrères

Autant que les clients, les confrères sont l'environnement quotidien de l'avocat. On examinera tour à tour les rapports de l'avocat avec l'ordre et ses représentants (A), ses rapports généraux avec ses pairs (B) et les relations particulières qui peuvent naître entre confrères à raison d'un dossier le plus souvent (C).

A – Les rapports avec l'ordre

Les barreaux ont pratiquement tous une « maison de l'avocat » où l'ordre a sa bibliothèque et où sont dispensées les consultations gratuites. Tous les confrères, même honoraires, y ont accès ; mais le règlement intérieur peut imposer des obligations particulières, qu'il s'agisse de l'emprunt des ouvrages ou de l'utilisation des lieux, par ex. l'interdiction d'y introduire, sauf autorisation du bâtonnier, des personnes n'ayant pas la qualité d'avocat.

L'avocat doit aussi bien évidemment répondre sans délai aux demandes de versement de cotisation émanant de l'ordre au titre de sa participation aux charges communes ; c'est là une exigence évidente de solidarité.

Au titre de cette même solidarité, il doit, ainsi qu'on l'a signalé, assumer sa part au titre des désignations et commissions d'office ou au titre des initiatives prises par l'ordre pour l'information du public, notamment les permanences de consultations gratuites.

La Cour de cassation a considéré que le principe de confidentialité attaché par la loi aux correspondances entre avocats ne pouvait être étendu aux correspondances entre l'avocat et l'autorité ordinale. Le CNB a pris une résolution pour souhaiter qu'une modification des textes vienne briser cette jurisprudence qui, en l'état, se perpétue.

B – Les rapports généraux avec les confrères

L'avocat doit courtoisie, aide et solidarité à ses confrères ; il doit aussi déférence au bâtonnier et aux confrères plus âgés. De façon générale, l'avocat considère tout avocat comme son confrère. Il doit éviter d'avoir à son égard des paroles blessantes ou de le mettre personnellement en cause. Aussi ne peut-il engager la responsabilité d'un avocat sans en avoir préalablement informé le bâtonnier et recueilli ses observations. Si une difficulté surgit entre confrères, cette difficulté est immédiatement soumise au bâtonnier. De manière générale, lorsque la responsabilité d'un confrère est en jeu et sauf exception dûment acceptée par le bâtonnier, un avocat s'abstient de plaider contre un confrère de son barreau ; il limite si nécessaire son intervention à la postulation et fait plaider un confrère extérieur.

L'avocat ne peut non plus concurrencer déloyalement ses confrères. La sollicitation personnalisée est désormais permise, mais selon certains modes précisément prévus qui sont loin d'autoriser toutes formes de démarchage ; l'avocat serait répréhensible s'il s'y livrait au mépris des règles professionnelles.

À l'occasion des permanences de consultations gratuites, les règlements intérieurs imposaient souvent aux avocats de garder l'anonymat et, à toute demande d'adresse, de distribuer purement et simplement le tableau de l'ordre présentant tous les confrères. L'art. 6 du décret de 2005 permet néanmoins aujourd'hui à l'avocat qui a donné une consultation juridique gratuite, notamment dans une mairie ou dans une maison de justice, dans le cadre des conventions passées avec le centre départemental d'accès au droit, d'accepter la prise en charge des intérêts de la personne reçue « qui en fait la demande ». À lui donc du moins d'en préserver la spontanéité !

L'avocat peut sans doute accepter de succéder à un confrère dont le client est mécontent ou même prendre les dossiers qu'un plaideur institutionnel adressait jusque-là à un autre confrère ; aucune clientèle n'est en effet captive, mais l'avocat doit mettre en garde le client contre toute décision injustifiée et, s'il s'agit d'un dossier en cours, solliciter l'accord exprès du confrère qui en était chargé.

À l'audience, l'avocat se plie aux usages du barreau. Il laisse donc le bâtonnier plaider le premier, puis les confrères plus anciens, sans préjudice de la possibilité laissée aux confrères de l'extérieur qui ont quelquefois un long trajet à faire ou un train à prendre de passer avant les confrères du lieu.

Sa solidarité doit du reste s'étendre à l'ensemble des avocats français, et pas seulement ceux de son barreau. L'avocat qui ne s'acquitterait pas de sa cotisation à la CNBF ou des droits de plaidoirie qui lui sont dus, commettrait une faute disciplinaire tout comme celui ne réglant pas sa cotisation au CNB.

S'il plaide pour un confrère qui lui demande ce service, l'avocat est mal venu à exiger des honoraires ; il lui suffit d'être réglé de ses débours.

C – Les rapports particuliers avec certains confrères

On a déjà rencontré les obligations particulières qui pèsent sur le « patron » à l'occasion de la mise au point d'un contrat de collaboration ou de travail avec un avocat travaillant pour lui. Il ne sera donc ici question que des relations particulières nées à raison d'un dossier (contradicteur, correspondant) ou d'une succession de clientèle (reprise d'un dossier ou reprise d'un cabinet).

1 – Le contradicteur

L'avocat est tenu de devoirs particuliers envers son contradicteur, qu'il s'agisse de la conduite d'une procédure ou de pourparlers.

a) Conduite de la procédure

L'avocat doit courtoisie à son contradicteur : ainsi, s'il est d'un autre barreau, se présenter à lui avant de plaider ou éviter vis-à-vis de lui toute acrimonie de ton, laissant entendre qu'il le confond avec l'adversaire de son client. Surtout, tenu à la fois par un devoir de loyauté envers son confrère et le devoir de respecter les principes fondamentaux de la procédure, l'avocat doit en toute matière se conformer aux exigences du procès équitable et observer scrupuleusement le contradictoire (décret de 2005, art. 16). Aussi ne peut-il :

– effectuer une démarche auprès d'un juge, d'un arbitre ou d'un expert sans en aviser ses contradicteurs ; s'il sollicite une remise au pénal, il doit dans toute la mesure du possible chercher à connaître ses confrères intervenant dans la même affaire pour les en prévenir ;

– adresser une note à un juge ou à un technicien sans en remettre simultanément copie à ses confrères chargés d'intérêts adverses ;

– faire état d'une pièce qui n'aurait pas été communiquée.

La communication des pièces est en effet essentielle ; selon la tradition du barreau, elle doit être spontanée, ce qui veut dire que le confrère n'a même pas – au moins en théorie – à la réclamer. Elle doit surtout être complète. En particulier l'avocat ne peut s'abstenir de communiquer des documents au prétexte ou au motif que l'adversaire les connaît déjà ; c'est là d'ailleurs que l'on touche l'ambiguïté profonde du terme « adversaire » dans la pratique, puisqu'il englobe souvent la partie adverse et l'avocat adverse, or à supposer que la partie adverse connaisse les correspondances échangées, rien n'indique que son avocat en a lui-même personnellement connaissance. L'avocat ne doit pas oublier que la communication due est d'abord et avant tout une communication au confrère. Pour éviter toute difficulté, les règlements intérieurs recommandaient souvent, voire imposaient ce qu'exige aujourd'hui le Code de procédure civile : l'établissement d'un bordereau de communication qui précise le détail des pièces ; ce bordereau est établi en deux exemplaires dont l'un est retourné à l'expéditeur avec l'accusé de réception du destinataire.

À moins qu'il ne s'agisse de photocopies, l'avocat ne doit jamais se dessaisir des pièces de son confrère sauf si celui-ci l'a expressément autorisé. Ce dessaisissement serait dangereux à un double titre : soit que le client détruise purement et simplement les pièces gênantes de son adversaire, soit – et le phénomène est plus à craindre chez de gros plaideurs institutionnels – qu'il les égare, ce qui de toute manière provoquerait la même perte. La question revêt moins d'acuité aujourd'hui avec la possibilité de scanner les pièces et d'en faire une transmission purement électronique.

La restitution des pièces – papier doit être aussi complète et spontanée que leur communication. Les règlements intérieurs soulignent qu'elles doivent être rendues, non le matin de l'audience ou dans la minute qui précède l'appel de l'affaire, mais suffisamment tôt pour permettre au confrère qui les a communiquées de préparer commodément son dossier. La pratique est en réalité diverse. Quelquefois les pièces sont communiquées en photocopies *à conserver*, ce qui fatigue les photocopieuses, mais évite tout problème de restitution. Ailleurs elles sont communiquées en originaux *à restituer*, parce que la consultation des pièces originales est souvent irremplaçable (par ex. les ajouts d'un acte ne sont pas de la même encre !) et – il faut bien le reconnaître – parce que le jeu des communications ou restitutions *in extremis* est un moyen dont chacun profite à tour de rôle pour obtenir un renvoi quand il l'estime opportun.

Sous ce rapport du temps qui passe, la courtoisie entre confrères veut cependant que chacun ait souci de l'autre :

– celui qui diligente la procédure en laissant à son contradicteur un délai raisonnable pour se mettre en état ;

– celui qui doit conclure en évitant d'utiliser toutes les ficelles pour faire durer la procédure au-delà du raisonnable. Cette même courtoisie veut aussi que l'on n'adresse pas ses conclusions par télécopie la veille au soir de l'audience. Il faut bien reconnaître qu'en pratique ces indications ne valent généralement que par l'intervention des magistrats, depuis que l'article 3 du Code de procédure civile confie au juge le soin de veiller au bon déroulement de l'instance, pouvant à cette fin impartir les délais et ordonner les mesures nécessaires.

Si le contradicteur sollicite un renvoi pour des raisons personnelles ou médicales, la confraternité impose de s'associer à sa demande, sauf si les intérêts du client s'en trouvent gravement compromis. Le confrère doit alors être prévenu de cette opposition en sorte que chacun puisse soutenir sa position devant le juge qui arbitrera.

À l'audience l'avocat ne plaide pas en l'absence de son contradicteur ; si celui-ci n'est pas là, il se rapproche de son cabinet pour connaître les raisons de son absence ou de son retard et il l'attend dans toute la mesure du raisonnable. Le cas échéant, il sollicite le renvoi de l'affaire. S'il est lui-même mis en difficulté par ce retard ou si le juge refuse tout renvoi, il se contente de déposer son dossier.

Les règlements intérieurs demandent encore que les notifications faites directement à la partie adverse (par ex. la signification d'un jugement) soient portées à la connaissance de l'avocat de cette partie ; c'est un moyen pour ce confrère de prévenir son client qui pourrait manquer la venue de l'huissier ou négliger les conséquences de son passage. De même l'avocat qui relève appel ou apprend que son client a relevé appel, doit informer son contradicteur : la règle est particulièrement précieuse en matière pénale où les greffes correctionnels avisent rarement les autres parties qui peuvent vouloir faire appel à leur tour ou profiter du délai complémentaire de 5 jours pour former un appel incident ; elle est également utile en matière civile où les greffes des cours d'appel avisent seulement les particuliers intimés lesquels croient – à tort – que leurs avocats bénéficient de la même information.

Cette délicatesse à l'égard des confrères est spécialement recommandée en période de service allégé, expression qui a remplacé les défuntes vacances judiciaires. Tous les avocats ne sont pas présents en leur cabinet durant l'intégralité des mois de juillet et août. Il est donc conseillé :

– de ne pas assigner pour une audience de service allégé lorsqu'il n'y a aucune urgence (les magistrats sont d'ailleurs les premiers à en émettre le souhait) ;

– d'éviter les significations de jugements sauf à prévenir préalablement le contradicteur ;

– de ne pas signifier sauf circonstances exceptionnelles et à charge d'en référer préalablement au bâtonnier, tout acte d'avocat à avocat constituant lui-même et par dérogation aux principes généraux le point de départ d'un délai.

Dans toute la mesure du possible et ainsi que s'en exprimait la tradition des barreaux français (n° 445), l'avocat a le devoir d'empêcher ses clients de tirer injustement bénéfice d'une erreur purement matérielle commise par un confrère adverse. Mais il faut reconnaître qu'on touche ici au conflit qui peut quelquefois surgir entre les devoirs de l'avocat envers son client et ses devoirs envers son confrère. Le code de déontologie européen fait logiquement prévaloir les premiers (art. 2-7). Il s'ensuit dans la pratique de subtils équilibres. Imaginons par exemple – le cas s'est produit – que l'avocat d'une compagnie d'assurance condamnée en 1re instance avec exécution provisoire pour partie de la condamnation, veuille annoncer à son confrère que la compagnie s'incline sur l'exécution provisoire, ce qui ne veut évidemment pas dire qu'elle ne fera pas appel ; la secrétaire par erreur rédige un courrier précisant sans autre nuance que la compagnie s'incline ; ayant mal (ou pas) relu ce courrier, l'avocat l'adresse à son confrère, puis s'aperçoit du quiproquo et l'en prévient. Le destinataire doit alors accepter de faire comme si le premier courrier ne lui était jamais parvenu – c'est la confraternité –, à moins que de bonne foi (l'erreur n'était pas ici perceptible à simple lecture) il ait déjà prévenu son client de l'acquiescement adverse – c'est ici l'intérêt du client.

De manière générale l'avocat est souvent avisé de se montrer confraternel. Il doit en effet savoir qu'il ne rencontrera pas son contradicteur une seule fois dans sa carrière. Toute attitude anormalement intransigeante dans un dossier risque donc de déclencher tôt ou tard dans les dossiers suivants des manœuvres vindicatives parfois hors de proportion.

b) Pourparlers

Pour permettre la négociation de solutions transactionnelles sans risque en cas d'échec de se voir opposer la tentative faite, les contacts écrits et verbaux entre avocats sont dans la tradition du barreau français tenus pour confidentiels par nature. Bien que ce principe soit très loin d'être partagé par les barreaux des États voisins, il a été formellement consacré chez nous par la loi du 7 avril 1997 modifiant l'article 66-5 de la loi du 31 décembre 1971. Cette intervention législative est capitale puisqu'elle a totalement modifié la nature du principe de confidentialité. Jusqu'alors celui-ci n'était qu'une règle strictement interne à la profession ; l'avocat qui versait aux débats la lettre de son confrère s'exposait aux foudres du conseil de discipline, mais le juge ne pouvait écarter le document qui constituait juridiquement une preuve recevable. Désormais rattachée au secret professionnel, la confidentialité devient d'ordre public. L'avocat qui la transgresse peut être sanctionné au plan pénal et le juge ne peut plus accueillir en preuve la moindre correspondance entre avocats, ni même le moindre document annexé à cette correspondance.

La loi de 1997 n'a cependant pas supprimé toute difficulté tant la matière est rebelle à la règle unique :

– qu'un avocat confie à son contradicteur avant l'audience qu'il ne se fait pas d'illusion sur l'issue du procès, voilà évidemment ce que ce contradicteur ne peut répéter, même si certains le font !

– qu'un avocat téléphone ou écrive à son contradicteur qu'il ne se présente plus et que le dossier peut passer sans l'attendre, voilà ce que le contradicteur peut exposer, même si certains se le sont vu reprocher !

Avant l'intervention du nouveau texte, les règlements intérieurs réservaient traditionnellement 3 catégories de correspondances échappant à la confidentialité : a) les lettres ayant pour unique objet de se substituer à un acte de procédure unilatéral : par ex. lettre de communication d'une pièce ou d'envoi de conclusions… ; b) les lettres portant la mention « officielle » ou « non-confidentielle » et ayant pour seul objet d'exprimer une demande (par ex. de communication d'une pièce), une offre (par ex. offre d'indemnisation) ou une position unilatérale du client de l'avocat rédacteur (par ex. annonce de l'exécution d'un travail) ; c) les échanges de lettres concrétisant un accord parfait et définitif ; le bâtonnier pouvait même lever la confidentialité des correspondances ayant préparé l'accord, si celles-ci étaient susceptibles d'en combler les lacunes ou d'en faciliter l'interprétation. Cette tradition a été reprise, nonobstant la loi du 7 avril 1997, par le CNB dans une délibération de septembre 1997 reprise au RIH. La jurisprudence a vivement réagi en désavouant le CNB : en l'état du texte la confidentialité ne pouvait connaître aucune exception.

Cette solution étant trop catégorique, le législateur a été invité à intervenir à nouveau. La loi du 11 février 2004 a rétabli ainsi la possibilité de lettres portant la mention « officielle » et l'article 3.2 du RIN précise que peuvent uniquement porter cette mention : a) une correspondance équivalant à un acte de procédure ; b) une correspondance ne faisant référence à aucun écrit, propos ou éléments antérieurs confidentiels. Au lendemain de cette double intervention, les choses sont donc clarifiées. Seules les correspondances indiquées comme « officielles » et conformes aux prévisions du RIN échappent à la confidentialité. En aucun cas un échange de lettres constatant un accord ne peut être versé aux débats ; il faut régulariser la transaction par la rédaction d'un acte entre les parties ou leurs mandataires.

Une ordonnance du 30 janvier 2009 précise que les règles qui précèdent ne font pas obstacle, à compter de la conclusion d'un contrat de fiducie, à l'application à l'avocat qui a la qualité de fiduciaire, de la réglementation spécifique à cette activité, mais les correspondances, dépourvues de la mention « officielle », adressées à cet avocat par un confrère non avisé qu'il agit en cette qualité restent naturellement confidentielles. Le RIN fait dorénavant obligation à l'avocat fiduciaire d'utiliser un papier à lettre distinct (art. 6.2.1.4), d'indiquer expressément sa qualité et d'attirer l'attention du destinataire de ses courriers sur le caractère non confidentiel, à l'égard des organes de contrôle de la fiducie, des correspondances échangées avec lui au titre de sa mission (art. 6.2.1.3).

Instituant aux articles 2062 s. du Code civil la procédure dite participative par laquelle les parties à un différend, nécessairement assistées de leurs avocats, conviennent d'œuvrer de bonne foi à sa résolution amiable, la loi du 22 décembre 2010 ne souffle mot de la confidentialité des échanges. Il paraît donc logique d'admettre que la convention de procédure participative peut être versée aux débats en cas de procédure postérieure à l'échec de la négociation et, comme cette convention obligatoirement écrite a dû préciser « les pièces et informations nécessaires à la résolution du différend », ces mêmes éléments échappent à la confidentialité. Celle-ci cependant devrait retrouver sa place pour les échanges entre confrères portant sur des éléments non listés dans la convention, mais la prudence commande volontiers pour l'auteur de la transmission de faire apparaître la mention « confidentielle » lorsqu'il veut empêcher que l'on puisse ultérieurement produire sa lettre en justice.

Les correspondances avec les confrères à l'étranger échappent quant à elles sans hésitation à la loi du 7 avril 1997. S'il communique avec un avocat de l'Union européenne, l'avocat français est prié par le CNB de respecter l'article 5-3 du code de déontologie européen qui retient le principe inverse de non-confidentialité. Les avocats qui souhaitent conserver à leur lettre le bénéfice de la confidentialité, doivent donc interroger préalablement leur interlocuteur, lui-même tenu de leur répondre sans délai s'il ne peut préserver le caractère confidentiel de la communication envisagée. Hors Union, il est prudent de prendre préalablement accord avec le confrère pour convenir d'une règle commune.

2 – Le correspondant

L'avocat ne peut ni demander ni accepter un honoraire, une commission ou quelque autre compensation pour avoir adressé ou recommandé un client. Certains règlements intérieurs considèrent que l'avocat qui, en ne se bornant pas à une simple recommandation, confie une affaire à un correspondant ou le consulte, est personnellement responsable du paiement des frais et honoraires de ce correspondant sauf convention contraire préalable. C'est le principe posé par la tradition des barreaux français et le CNB (art. 11-5 du RIN) ; une limite lui a été récemment apportée en contemplation de la jurisprudence : la garantie est due pour les honoraires, frais et débours ; elle ne l'est pas pour les émoluments de procédure que le postulant peut recouvrer au titre des dépens contre le client ou l'adversaire selon l'issue du procès. Il paraît cependant au moins naturel d'exiger du plaidant *dominus litis* qu'il prête la main au postulant pour le recouvrement des sommes dues, surtout si celles-ci le sont par leur client commun. L'avocat qui n'a pas exclu sa garantie, mais qui pressent soudain une difficulté, peut à tout instant limiter, par écrit, son engagement au montant des sommes dues à cette date.

3 – Le prédécesseur

Les changements d'avocat sont fréquents. L'avocat qui reçoit un client doit donc toujours vérifier qu'aucun confrère n'a été chargé préalablement des intérêts du client pour la même affaire. S'il apprend qu'il succède à un autre avocat, l'avocat doit tout d'abord mettre en garde le client contre une décision injustifiée ; et, si le client persiste dans sa volonté, l'avocat doit alors obtenir l'accord de son confrère et s'assurer que celui-ci a été entièrement désintéressé de ses frais et honoraires. Ce point fait souvent difficulté, car le client par hypothèse mécontent du premier avocat l'a rarement totalement désintéressé et l'avocat lui-même, quelquefois désappointé d'être évincé, a tendance à présenter une note de reliquat d'honoraires chiffrée *ab irato*. Les règles déontologiques tentent un juste équilibre. Dans la mesure où une procédure de contestation et de recouvrement d'honoraires existe, il appartient à celui qui entend saisir le bâtonnier de le faire et il est préférable que le nouvel avocat choisi s'abstienne d'intervenir pour critiquer le confrère qu'il a remplacé ; l'article 9.3 du RIN lui interdit d'ailleurs de manière plus générale de défendre les intérêts du client contre son prédécesseur, sauf accord préalable du bâtonnier. La seule question pour lui est de savoir s'il peut commencer à intervenir alors que son prédécesseur n'est pas réglé. Un premier point est sûr : l'avocat évincé ne peut retenir les pièces tant qu'il n'est pas réglé (décret de 2005, art. 14) ; le dossier doit donc être transmis sans délai au successeur (art. 9.2 du RIN). Il en résulte nécessairement que celui-ci peut commencer à travailler. La jurisprudence est en ce sens qui invalide les délibérations des ordres voulant imposer à l'avocat d'obtenir l'accord du bâtonnier pour entreprendre le travail ou le menaçant de devenir personnellement débiteur des honoraires s'il néglige de demander cette autorisation. L'article 9.3 précité en prend acte en lui demandant au moins de s'efforcer d'obtenir le règlement de son confrère ; on ajoutait jadis qu'il ne pouvait encaisser ses propres honoraires tant que ce qui était dû à son prédécesseur n'était pas réglé ou consigné ; aujourd'hui il lui est simplement demandé de prévenir le bâtonnier s'il reçoit un paiement alors que son prédécesseur n'est pas encore intégralement réglé. Lorsqu'un avocat succède à un confrère intervenant au titre de l'aide juridictionnelle, il ne peut demander d'honoraires que si son client a expressément renoncé au bénéfice de celle-ci, après qu'il l'ait informé des conséquences de cette renonciation. Il informe de son intervention son prédécesseur, le bureau d'aide juridictionnelle et le bâtonnier (décret de 2005, art. 19).

4 – Le successeur

Le cabinet d'avocat était jadis incessible ; la jurisprudence civile a progressivement acclimaté la règle inverse : indirectement tout d'abord en validant les conventions de présentation avec clause de non-rétablissement ; directement ensuite en admettant depuis novembre 2000 la licéité des cessions de clientèles civiles dès lors que le libre choix du client est sauvegardé. Il est vrai que le développement de l'exercice en société avait fait apparaître de véritables cessions, les parts sociales étant vendues, en bloc ou progressivement, selon les règles applicables à chaque type de société.

Ces conventions doivent être soumises au conseil de l'ordre qui vérifie leur conformité aux règles d'indépendance et de probité du barreau.

III – Les rapports avec les magistrats

Le serment n'impose plus à l'avocat de ne jamais s'écarter du respect dû aux tribunaux et aux autorités publiques ou des justes égards dus aux magistrats. Il faut se féliciter qu'on ait supprimé dans sa formule tout ce qui pouvait accréditer l'idée que l'avocat était un subalterne, position que certains présidents de juridictions d'exception, magistrats non professionnels, voudraient encore quelquefois maintenir en traitant les avocats comme un maître d'école traitait jadis ses élèves. L'avocat est un professionnel indépendant et sa tâche n'est pas moins noble que celle du juge qui l'écoute ; il n'est pas un écolier à qui l'on distribue bons ou mauvais points. Il faut d'ailleurs rappeler que lorsque l'usage de la toque était encore vivace, l'avocat n'avait à se découvrir que devant la loi, lorsqu'il lisait un texte ; il pouvait en revanche plaider « couvert » devant les juges, preuve de son indépendance.

Il est néanmoins vrai qu'avec ou sans le serment de jadis, l'avocat est naturellement tenu de respecter l'institution judiciaire et les fonctions de ceux qui la servent ; il est également tenu d'un devoir de courtoisie envers ceux devant qui il se présente. Ce respect et cette courtoisie envers les juges sont d'autant plus nécessaires que l'avocat aujourd'hui contribue à la formation des magistrats, puisque les auditeurs de justice ont un stage de 3 mois à faire au cabinet d'un avocat et que, s'il est de nationalité française, l'avocat peut être appelé à compléter les juridictions. Ainsi que le rappelait la tradition des barreaux français, « les avocats participent à l'œuvre de justice ».

L'avocat se doit donc dans cette ligne d'être ponctuel aux audiences et de prévenir s'il lui est impossible d'être à l'heure ; le conseil de l'ordre a d'ailleurs dans ses missions de veiller à l'exactitude aux audiences. L'avocat doit aussi observer dans sa tenue et son expression la décence nécessaire. L'art. D. 158, abrogé en 2005, consacrait à cet égard un usage immémorial que l'article 1 *bis* du RIN a quant à lui conservé : lorsqu'il plaide devant une juridiction extérieure au ressort de son barreau, l'avocat doit se présenter au président et au magistrat du ministère public tenant l'audience. Ce sont fréquemment des saluts symboliques plus que de véritables visites, mais ces gestes contribuent à la préservation d'un climat d'estime entre partenaires de justice. Preuve que la courtoisie est d'ailleurs due à tous sans distinction, l'avocat doit aussi se présenter au bâtonnier du lieu, ou tout au moins lui laisser sa carte, et se présenter au confrère plaidant pour l'adversaire. De manière générale, l'avocat doit saluer tout magistrat devant qui il intervient pour la première fois.

Avec le siège et plus spécialement les magistrats chargés de suivre les dossiers, l'avocat doit faire preuve d'exactitude et de diligence dans la conduite des procédures. Il s'exprime devant eux dans l'indépendance, la dignité et la courtoisie, sans outrage, diffamation ou injure. Lorsque la décision est rendue, il peut la critiquer puisqu'il a l'obligation de donner son avis sur l'opportunité d'un recours, mais il doit s'abstenir d'étendre ces critiques à la personne même du magistrat qui a rendu ou rédigé la décision.

Les rapports avec le ministère public sont traditionnellement plus délicats, puisque le représentant du parquet est souvent l'adversaire de l'avocat, tout en restant un magistrat. L'attitude de l'avocat est au moins en théorie aisée à dégager : la courtoisie n'exclut pas la fermeté, ni même la pugnacité. L'avocat bénéficie de l'immunité dite de la défense prévue par l'article 41 de la loi du 29 juillet 1881 qui lui donne une totale liberté de parole à l'intérieur et non en dehors du prétoire, sous la double réserve prévue par le même texte des discours injurieux, outrageants ou diffamatoires d'une part et des propos diffamatoires étrangers à la cause d'autre part. L'avocat ne doit donc pas se laisser emporter au-delà de ce qui est nécessaire à la défense du client et, plus le fond est incisif, plus les termes employés et le ton mis à les prononcer doivent être parfaitement maîtrisés. La consigne est du reste générale : l'article 24 du Code de procédure civile commande « de garder en tout le respect dû à la justice », le juge pouvant ordonner la suppression des écrits inconvenants ou les déclarer calomnieux.

Prenant acte de la jurisprudence de la CEDH visant à promouvoir la liberté d'expression de l'avocat en dehors des prétoires, la Cour de cassation vient d'admettre en assemblée plénière qu'un avocat puisse critiquer des magistrats, dès lors que les propos tenus portent sur un sujet d'intérêt général, reposent sur une base factuelle suffisante, ne dépassent pas les limites admissibles de la liberté d'expression d'un avocat dans la critique et le jugement de valeur portés sur l'action des magistrats, enfin ne peuvent être réduits à la simple expression d'une animosité personnelle envers ces derniers,

La courtoisie n'est pas la seule exigence en la matière ; la délicatesse impose aussi à l'avocat certaines précautions. C'est notamment le cas lorsqu'un avocat entend intervenir pour sa propre cause ou se trouve mandaté par un membre proche de sa famille. Certains règlements intérieurs, tel celui de Nice, interdisent ces situations de peur que l'avocat se laisse égarer par un intérêt trop personnel. Mais habituellement il n'y a pas ici de règle stricte ou uniforme et c'est la conscience de chacun qui doit guider sa conduite. Il faut simplement éviter à notre avis, – non pas seulement de s'échauffer comme on le craint quelquefois à raison de liens trop étroits avec la cause –, mais surtout, lorsque l'on plaide ostensiblement pour soi-même ou l'un des siens devant une juridiction que l'on connaît, de mettre mal à l'aise le magistrat en donnant l'impression que l'on veut capter une bienveillance particulière. De même que les juges savent se déporter lorsqu'ils ne souhaitent pas juger l'une de leurs relations, l'avocat doit aussi savoir se déporter si son intervention dans une affaire peut donner lieu à ce genre de suspicion. Ajoutons enfin qu'un avocat conseiller prud'homal ne peut assister ou représenter une partie devant la juridiction dont il est membre. La règle vaut toutes sections confondues.

En matière gracieuse, la délicatesse impose aussi à l'avocat qui présente requête à un magistrat de l'informer de toutes les décisions antérieurement prises en rapport avec la mesure demandée, spécialement si une requête précédente a déjà été rejetée ; l'avocat qui a essuyé un refus, ne peut représenter sa requête à un second magistrat dans l'espoir qu'il accordera ce que son collègue a refusé.

Par glissement progressif, c'est au fond de dignité qu'il est ici question plus largement : l'avocat ne doit jamais donner sciemment au juge une information fausse ou de nature à l'induire en erreur, ce sont les propres termes du code de déontologie européen (art. 4.4). Les textes français généralisent l'idée : les avocats doivent se comporter en *loyaux* auxiliaires de justice.

IV – Les rapports avec les autres professions réglementées

L'avocat collabore journellement avec d'autres professionnels (A) ; classiquement vécue dossier par dossier, cette collaboration soulève aujourd'hui la question des réseaux et groupements interprofessionnels (B).

A – Collaboration au dossier

La collaboration interprofessionnelle peut faire l'objet d'une convention entre les professionnels concernés et le client commun (art. 18.1 du RIN). En toute hypothèse, l'avocat est tenu de faire application, dans ses relations avec les autres professionnels, des règles de confraternité, de loyauté et de courtoisie en usage au barreau, mais sous réserve de réciprocité ; il s'interdit notamment de critiquer auprès du client commun ou de tiers le contenu et la qualité des prestations fournies par les autres professionnels sans avoir préalablement recueilli leurs observations. Sous la même réserve, il doit s'efforcer de ne pas mettre en défaut ou rendre plus difficile le respect, par les professionnels avec qui il collabore, de leurs propres règles (art. 18.2 du RIN).

L'article 18.3 prohibe toute atteinte à l'indépendance ; l'avocat ne peut donc accepter une relation de contrôle hiérarchique de ses prestations par un autre professionnel, ni une quelconque immixtion de celui-ci dans l'organisation et le fonctionnement de son cabinet. L'avocat doit convenir avec ses correspondants d'un engagement de confidentialité et respecter en toute hypothèse le caractère confidentiel d'une correspondance qu'il reçoit, portant expressément cette mention (art. 18.4). Lui-même reste fondamentalement tenu au secret professionnel ; il ne peut donc échanger avec les autres intervenants que les informations recueillies dans le cadre de leur mission communes et nécessaires à son exécution (art. 18.5). L'avocat doit vérifier qu'il est couvert par une assurance et se faire communiquer par les autres professionnels le montant de leur garantie et l'identité de leur assureur ; il ne peut accepter une clause prévoyant la responsabilité solidaire des participants à la mission (art. 18.6). Sa rémunération doit couvrir sa seule prestation à l'exclusion de toute rétribution prélevée sur le travail d'un autre intervenant (art. 18.7).

Indépendamment de ces missions communes conventionnellement organisées, l'avocat doit de toute manière entretenir de courtoises relations avec les professionnels qu'il est amené à rencontrer : avoués naguère, huissiers, notaires, administrateurs ou liquidateurs judiciaires pour citer les principaux. Le CNB a émis des recommandations sur les bons usages entre avocats et experts et il a signé avec le Conseil supérieur du notariat et celui de l'ordre des experts-comptables une charte de collaboration interprofessionnelle inspirée du RIN. C'est à tort toutefois qu'on voudrait imposer quelquefois à l'avocat de prévenir le bâtonnier s'il devait introduire un procès en responsabilité contre l'un des professionnels précédemment énumérés. La question ne concerne pas l'ordre. Certains règlements intérieurs, tel celui de Paris, voulaient ainsi que l'avocat soumette au visa préalable du bâtonnier les actes à destination de membres du corps judiciaire ou de personnalités. Cette disposition, entravant inutilement l'indépendance de l'avocat, a été condamnée. Mais les usages commandent que l'avocat n'envoie pas sèchement l'huissier signifier l'assignation chez l'avoué ou le notaire destinataire ; l'avocat prévient celui-ci préalablement et lui réserve une copie de l'acte qu'il va recevoir. Usuellement l'assignation n'est d'ailleurs pas une surprise ; l'avocat a dû rechercher préalablement une solution amiable que seule l'intransigeance ou la prudence des compagnies d'assurances a interdit de concrétiser. De même si l'avocat doit à la demande de son client contester l'état de frais d'un officier ministériel, la courtoisie commande qu'il l'en prévienne préalablement.

À l'inverse et ainsi qu'on l'a dit, les avocats du barreau territorialement compétent ne peuvent tous refuser de prendre le dossier sous prétexte que l'on déplaira à l'auxiliaire de justice visé. L'un au moins doit se dévouer s'il y a lieu de postuler devant le tribunal de grande instance, ce qui est habituellement le cas. Le bâtonnier pourra commettre un confrère.

Certains officiers ministériels ont quelquefois prétendu que lorsqu'ils avaient besoin d'être assistés par un avocat, l'usage commandait que celui-ci ne leur réclame aucun honoraire. C'est prendre ses désirs pour la réalité. Sauf à y renoncer de son plein gré en raison de considérations *intuitu personae*, l'avocat a droit à sa juste rétribution ; l'usage commande ici seulement de ne pas exiger de provision préalable, l'honoraire étant payé en fin de dossier.

B – Réseaux et groupements

Les réseaux interprofessionnels visent à regrouper durablement des professions différentes dans le souci de développer une clientèle ou de favoriser des prestations complémentaires. La loi du 31 décembre 1990 avait autorisé transitoirement les sociétés de conseils juridiques constituées avant le 1er janvier 1992 à continuer pendant 5 ans à mentionner leur appartenance à un réseau national ou international « non exclusivement juridique ». Il s'évinçait de cette disposition que les avocats ne pouvaient normalement appartenir qu'à un réseau exclusivement juridique. La loi du 11 février 2004 a modifié la donne : les avocats, associations ou sociétés d'avocats peuvent désormais être affiliés à des réseaux « pluridisciplinaires », nationaux ou internationaux. La loi s'est malheureusement gardée de fournir toute définition du réseau pluridisciplinaire par elle admis, ce qui pose inéluctablement l'épineuse question des limites de la pluridisciplinarité face aux déontologies différentes des professions concernées. En l'absence de textes, le CNB s'est efforcé à travers le RIH, puis le RIU, de sauvegarder les principes essentiels de la profession, interdisant par exemple que l'avocat participe à un réseau comprenant un membre d'une profession ayant une activité de caractère commercial ou qu'il effectue une prestation au bénéfice d'un client dont un autre membre du réseau serait commissaire aux comptes.

Le Conseil d'État a considéré que le CNB avait excédé sa compétence doublement limitée par « les droits et libertés qui appartiennent aux avocats » et « les règles essentielles de l'exercice de la profession » ; aussi a-t-il annulé l'article 16 du RIU relatif aux réseaux. Le RIN présente donc une version plus édulcorée : l'interdiction de participer à un réseau comprenant un membre d'une profession ayant une activité de caractère commercial a disparu ; de même la prestation au bénéfice d'un client dont un autre membre du réseau serait commissaire aux comptes n'est plus prohibée sauf à en aviser préalablement ledit commissaire aux comptes à l'effet qu'il se déporte (art. 16.7). Pour le surplus, le texte maintient les garde-fous classiques : protection de l'indépendance, respect du secret professionnel, interdiction du démarchage, prohibition du partage d'honoraires, parfaite transparence envers l'ordre.

Ainsi qu'on l'a vu, la loi du 6 août 2015 et l'ordonnance du 31 mars 2016 permettent dorénavant, au-delà même des réseaux interprofessionnels, la constitution de véritables sociétés pluri-professionnelles d'exercice. La loi ayant prévu la nécessité de tenir compte des principes déontologiques, des incompatibilités, des risques de conflits d'intérêts propres à chaque profession, des missions liées pour certains professionnels à leur statut d'officier public et ministériel, l'ordonnance impose que les statuts de la société comportent des stipulations propres à garantir « l'indépendance de l'exercice professionnel des associés et des salariés » et « le respect des dispositions réglementaires encadrant l'exercice de chacune des professions qui constituent son objet social, notamment celles relatives à la déontologie ». Chaque professionnel qui exerce au sein de la société doit donc informer celle-ci et les autres professionnels, dès qu'il en a connaissance, de l'existence de tout conflit d'intérêts susceptible de naître, d'une part, entre sa qualité de professionnel et toute autre activité professionnelle qu'il exerce ou tout intérêt qu'il détient en dehors de la société, d'autre part, entre l'exercice de son activité professionnelle et l'exercice par les autres professionnels de leur activité. Chaque professionnel exerçant au sein de la société est également tenu « aux obligations de loyauté, de confidentialité ou de secret professionnel conformément aux dispositions encadrant l'exercice de sa profession ». L'exercice en commun de plusieurs professions rendant cependant parfois nécessaire le partage de l'information, l'ordonnance prévoit la possibilité de communiquer à d'autres professionnels « toute information nécessaire à l'accomplissement des actes professionnels et à l'organisation du travail au sein de la société dans l'intérêt de son client » à la condition que le client « ait été préalablement informé de cette faculté de communication et y ait donné son accord », accord qui « mentionne, le cas échéant, la ou les professions constituant l'objet social de la société auxquelles le client s'adresse et entend limiter la communication des informations le concernant ». Un décret en Conseil d'État devra notamment déterminer « l'autorité administrative ou l'autorité professionnelle compétente pour exercer le contrôle sur la société, les modalités de ce contrôle et notamment les conditions dans lesquelles le secret professionnel est opposable ». La disposition a surpris les premiers commentateurs puisque les SPE ont vocation à être contrôlées, non par une autorité unique, mais par les instances professionnelles régulant les différentes professions qu'elles regroupent et que, résultant de la loi, le secret professionnel est en principe opposable en soi.

Section 2
Les interlocuteurs occasionnels

On envisagera ici encore quatre catégories de personnes : les adversaires sans avocat (I), les tiers sachants (II), les auxiliaires administratifs (III), la presse enfin (IV).

I – Les rapports avec les adversaires sans avocat

La question des règlements pécuniaires mise à part, les textes se préoccupaient peu jusqu'au décret du 12 juillet 2005 des relations directes entre l'avocat et l'adversaire de son client. Le décret en parle désormais, même si ce sont encore les règlements intérieurs qui développent le plus les principales obligations faites à l'avocat.

La première d'entre elles est l'interdiction faite à l'avocat de contacter directement l'adversaire de son client, s'il sait que cette personne est représentée ou assistée par un avocat. L'avocat doit toujours passer par son confrère, sauf si celui-ci lui a donné son accord auquel cas il doit tout de même le tenir informé. Bien évidemment lorsque la loi impose une notification à la partie (on pense par ex. aux mémoires préalables dans la procédure de fixation du loyer d'un bail commercial renouvelé), il doit inévitablement s'adresser à son adversaire. Mais il lui est alors demandé d'adresser à son confrère avis ou copie de sa notification. Par principe le contact n'est qu'écrit. L'avocat ne doit pas recevoir en son cabinet un adversaire qui a fait choix d'un conseil. Il arrive souvent en pratique qu'un plaideur impatient se présente spontanément chez l'avocat adverse pour se plaindre ; l'avocat doit avec courtoisie refuser de le recevoir et l'inviter à présenter ses doléances par l'intermédiaire de son propre avocat. Le décret de 2005 ajoute qu'en cas de pourparlers avec un interlocuteur assisté d'un avocat, il n'est pas question de recevoir l'adversaire sans son conseil, sauf accord préalable de ce confrère (art. 18).

Il se déduit *a contrario* de la règle qui précède que l'avocat peut contacter directement un adversaire qui n'a pas d'avocat connu de lui ou, ce qui revient au même, qui a comparu seul à l'audience sans être assisté. Il peut aussi comme mandataire de son client adresser à l'adversaire toute injonction ou mise en demeure (décret de 2005, art. 17 § 2). Mais, seconde obligation, l'avocat ne peut prendre ce contact ou recevoir la partie adverse sans l'assentiment de son client ; surtout, dans ses rapports avec l'adversaire, l'avocat doit éviter toute présentation déloyale de la situation et ne jamais établir un contact comminatoire, même s'il peut mentionner naturellement l'éventualité d'une procédure (décret de 2005, art. 17 § 1) ; il doit, même si sa lettre entend produire un effet de droit, telle une mise en demeure faisant courir des intérêts, s'exprimer en termes mesurés et objectifs, sans menace personnelle ou pression injustifiée ; la Cour de cassation rappelle que l'avocat doit avoir à l'égard de l'adversaire une « conduite loyale » ; elle ne l'oblige pas pour autant à prendre l'initiative de délivrer à l'adversaire des informations ou des conseils ou à « l'inciter » à prendre attache avec l'un de ses confrères ; le décret de 2005 lui demande pourtant de « rappeler » à la partie adverse la faculté de consulter un avocat et « l'inviter » à lui en faire connaître le nom (art. 17 § 1). Interdiction est donc faite de lettres telles qu'en pratiqu(ai)ent d'autres professions judiciaires du style : « Veuillez passer en mon étude pour affaire vous concernant ! » Aucun entretien avec l'adversaire qui le sollicite ne peut se faire sans la présence du client ou lui dûment averti. Les propos échangés au cours de cet entretien, s'ils n'aboutissent pas à un accord, restent confidentiels. La cour de cassation considère en revanche que le courrier adressé directement par une partie à l'avocat de son adversaire n'est pas couvert par le secret professionnel et peut donc être versé aux débats.

II – Les rapports avec les sachants

Les séries américaines prenant un avocat pour vedette accréditent volontiers dans l'esprit du public que l'avocat peut se transformer en détective. La réalité française est très différente.

L'avocat peut sans doute prendre directement contact avec les tiers pour de simples renseignements étrangers à la personne des parties : par ex. savoir auprès de la météorologie si le vent soufflait en tempête tel soir d'un sinistre que l'on voudrait rattacher à la force majeure, savoir auprès des services techniques d'une ville si telle signalisation existait au jour de l'accident… Mais dès qu'il s'agit de la personne même des parties, les choses deviennent différentes. L'avocat ne peut en effet solliciter lui-même auprès des tiers des attestations ou des renseignements contre l'adversaire de son client. Il ne peut non plus solliciter sans précaution des informations en faveur de son client. Comme l'exprimait à une certaine époque le règlement intérieur du barreau de Paris, l'avocat « doit agir avec prudence ». Sauf en matière pénale où il peut réunir lui-même des appréciations sur la personnalité et la situation de l'accusé ou du prévenu, il ne peut demander ailleurs que des renseignements d'ordre administratif. Aller au-delà l'exposerait à se voir accuser d'avoir orienté la réponse. Il convient enfin de rappeler qu'à l'occasion de ses contacts avec les tiers, l'avocat doit se garder de porter atteinte au secret professionnel et, s'il y a lieu, au secret de l'instruction.

Sur les faits litigieux eux-mêmes, l'avocat doit en tout cas se garder soigneusement de tout contact avec les témoins appelés à déposer : cela va de soi s'il s'agit de témoins favorables à l'adversaire – toute démarche serait ressentie comme une pression –, mais cela vaut aussi pour les témoins favorables au client. L'avocat ne peut en effet paraître avoir voulu orienter ou suggérer le contenu de leurs déclarations. La règle surprend généralement les justiciables qui aimeraient que leur avocat contacte lui-même les témoins et leur remette le contenu d'une attestation à recopier ! L'avocat doit résister : tout contact direct ferait perdre au témoignage sa chance de crédibilité ; quant à l'établissement d'un modèle – même de bonne foi à seule fin de mise en bon français ! –, il déclencherait la riposte de l'adversaire et parfois même du témoin pressenti, qui viendraient se plaindre que l'avocat se livre à des pressions.

III – Les rapports avec les auxiliaires administratifs

L'avocat peut être conduit professionnellement à être en contact avec les agents de différentes administrations. Il doit toujours se comporter vis-à-vis d'eux avec correction. C'est usuellement le cas avec le personnel des greffes. Les choses sont moins faciles lorsqu'il s'agit pour l'avocat d'affronter des mesures de contrôle à la porte des palais ou des prisons. Le Conseil d'État a considéré en 1988 que le passage sous un portique n'était pas une atteinte au libre exercice des droits de la défense, la gêne très légère qu'il provoque étant hors de proportion avec le but recherché.

S'il se rend donc dans une maison d'arrêt, l'avocat doit déférer aux contrôles de sécurité inévitables dans de tels établissements. Il peut depuis octobre 2008 s'y rendre avec son ordinateur portable et le CD-Rom remis par la juridiction contenant le dossier dématérialisé du détenu, mais il ne peut apporter des supports de stockage (clé USB...) et doit subir un contrôle spécifique de l'entrée et de la sortie de l'ordinateur.

À la porte des palais où on ne le connaît pas forcément, il doit de même se plier, sans se sentir spécialement offusqué dans sa dignité, aux contrôles d'identité rendus nécessaires par des mesures de prévention d'actes de terrorisme comme le plan vigipirate. La seule question sensible est de savoir si le personnel de surveillance peut exiger d'ouvrir et fouiller la serviette de l'avocat. Le bon sens doit dicter la réponse : l'avocat est créancier du secret professionnel ; il n'a pas à se dessaisir de ses affaires et peut appeler le bâtonnier si on voulait lui imposer cette mesure ; en revanche et à supposer qu'un objet métallique ait été détecté, l'avocat doit ouvrir lui-même sa serviette pour présenter l'objet ou démontrer l'erreur : une telle vérification ne peut par elle-même emporter violation du secret qui s'attache au seul contenu des dossiers.

IV – Les rapports avec les médias

Sous réserve du secret de l'instruction, l'avocat s'exprime librement dans les domaines de son choix. Il doit cependant faire spécialement attention lorsqu'il est sollicité par les médias, puisque le moindre article le concernant sera épluché par ses confrères toujours prompts à dénoncer une forme déguisée de publicité. S'il est donc amené à écrire dans la presse (autre que les journaux exclusivement juridiques), à répondre à un journaliste, à faire des déclarations publiques ou à participer à des émissions radiophoniques ou télévisées au sujet d'une affaire en cours ou de questions générales en rapport avec l'activité professionnelle, il a l'obligation, sauf impossibilité matérielle liée par exemple à la soudaineté de la question, d'en informer au préalable son bâtonnier qui peut lui faire toutes observations, mises en garde ou injonctions utiles.

Dès lors qu'il n'est pas sollicité au titre d'une fonction élective l'amenant à s'exprimer au nom de ses confrères, l'avocat doit préciser que les opinions qu'il émet lui sont personnelles. Il lui est interdit de mettre en cause l'honorabilité de sa profession et il doit veiller à ne pas transgresser les devoirs généraux auxquels il est tenu ; spécialement il doit s'exprimer avec modération et délicatesse, en tenant compte des répercussions possibles de ses propos.

Lire aussi

– Bernard A., « Le pouvoir réglementaire du Conseil national des barreaux et les réseaux pluridisciplinaires », *D.* 2005. Chron. 673
– Bolard G. et Flécheux G., « L'avocat, le juge et le droit », *D.* 1995. Chron. 221
– Camous E., « Le régime juridique de l'honoraire de résultat dans les relations entre les avocats et leurs clients », *Gaz. Pal.* 2001, doctr. 1364
– Damien A., *Le secret nécessaire*, Paris, 1989
– Defferard F., « L'avocat, le secret et le blanchiment », *D.* 2013. 284 s.

– Landry D., « La confidentialité des correspondances entre avocats », *Gaz. Pal.* 1998. 1, doctr. 290
– Michaud P., « De l'indépendance à l'interdépendance, le décret CARPA du 5 juillet 1996 », *Gaz. Pal.* 6-8 oct. 1996
– Pons B., « Correspondances à finalité transactionnelle entre avocats et secret professionnel », *LPA* 26 févr. 2003, p. 5 ; « Correspondances entre avocats et secret professionnel ; le mandat de l'avocat disqualifié », *LPA* 21 août 2003, p. 4
– Varaut J.-M. et Ruet L., « Secret professionnel et confidentialité dans les professions juridiques et judiciaires », *Gaz. Pal.* 1997, doctr. 2054
– Vatier, « À propos du blanchiment d'argent (ou quand l'État de droit vacille sous le souffle sécuritaire) », *Gaz. Pal.* 2006, doctr. 3690
– « La taxation des honoraires d'avocat », colloque conférence des bâtonniers, *Gaz. Pal.* 2006, doctr. 3661

Titre 4
Les sanctions

Il n'est pas de réglementation professionnelle efficace sans contrôle de son respect et sanction de sa violation. L'avocat est donc soumis à la discipline de son ordre, le barreau étant rendu légalement juge naturel de ses membres sous le contrôle de la cour d'appel. Mais l'avocat qui s'écarte des règles de sa profession peut ne pas seulement encourir la censure de ses pairs. Il peut aussi engager devant la juridiction judiciaire et dans les conditions du droit commun une responsabilité pénale ou civile. On examinera donc successivement les sanctions susceptibles d'intervenir au sein de l'ordre (chap. 1) et celles qui lui échappent nécessairement (chap. 2).

Chapitre 1
Les sanctions internes

Ainsi qu'on l'a vu, le conseil de l'ordre a dans ses attributions « d'exercer la surveillance que l'honneur et l'intérêt de ses membres rendent nécessaire » (art. D. 17). Chargé « de maintenir les principes de probité, de désintéressement, de modération et de confraternité sur lesquels repose la profession » (même art.), il pourrait dans les cas extrêmes engager sa propre responsabilité – et avec lui le bâtonnier qui a charge de le présider – s'il se désintéressait du respect par ses membres des devoirs de leur profession. En particulier doit-il en vertu de l'article 17 précité vérifier la tenue des comptabilités et l'existence des assurances ou garanties touchant à la responsabilité professionnelle et au maniement de fonds ; un contrôle spécifique de la comptabilité afférente à l'activité fiduciaire est également prévu.

Cette mission préventive se double d'un devoir de réaction à toute anomalie détectée : réaction disciplinaire (section 2) ou non (section 1) selon le cas.

Section 1
Les mesures non disciplinaires

L'anomalie détectée par le barreau n'implique pas forcément une réaction de nature disciplinaire. On s'en convaincra en étudiant l'omission (I) et l'admonestation « paternelle » du bâtonnier (II).

I – L'omission

L'ordre doit assurer la police de son tableau. Cette mission, nous l'avons vu, doit préalablement le conduire à refuser toute inscription de candidats qui ne justifieraient pas d'une moralité irréprochable, ni des assurances et garanties légalement requises. Mais l'ordre doit aussi publier au moins une fois par an son tableau (art. D. 95), ce qui permet au public de connaître par cette liste les noms des personnes habilitées à l'exercice de la profession et effectivement en mesure de procurer les services attendus d'elle. Cette mise à jour annuelle est une invitation pour le conseil de l'ordre à vérifier que les avocats figurant au tableau persistent à offrir au public la disponibilité et les garanties nécessaires. Ceux qui ne les offriraient plus s'exposent à être omis du tableau.

Le décret distingue toutefois deux variantes de l'omission : l'omission obligatoire (art. D. 104) et l'omission facultative (art. D. 105) :

a) l'avocat est nécessairement omis du tableau s'il se trouve dans un cas d'exclusion ou d'incompatibilité (par ex. exercice d'un commerce) ou s'il ne satisfait pas aux obligations de garantie et d'assurance ;

b) l'avocat est facultativement omis :

– si par suite de maladie ou d'une infirmité grave ou permanente ou d'activités étrangères au barreau, il ne peut réellement exercer sa profession ;

– si, sans motifs valables, il ne règle pas sa cotisation à l'ordre, à la CNBF ou au conseil national des barreaux ;

– si, sans motifs légitimes, il n'exerce pas effectivement sa profession.

Les cas d'omission sont limitatifs ; la Cour de cassation a considéré que la mise en liquidation judiciaire d'un avocat n'était pas un motif d'omission nonobstant la privation temporaire d'exercice à titre individuel prévue par le Code de commerce pour éviter de générer un nouveau passif ; l'avocat peut en effet poursuivre son activité en qualité de salarié d'un autre avocat ou d'associé d'une structure d'exercice.

Le CNB a suggéré aux pouvoirs publics de créer un 4e cas d'omission facultative : si l'avocat, sans motifs légitimes, ne satisfait pas à son obligation de formation continue. Cette suggestion n'a pas encore abouti.

Ainsi qu'on le voit, les motifs de l'omission n'ont pas nécessairement pour support une faute de l'avocat ; ils renvoient aussi à une situation objective d'indisponibilité ou de cessation des assurances ou garanties nécessaires. On y a vu quelquefois une mesure mixte, tantôt administrative, tantôt disciplinaire selon son motif. Mais actuellement l'omission ne figure point dans la liste des sanctions disciplinaires (art. D. 184) et le décret ne la traite pas dans le titre IV relatif à la discipline ; il la régit dans le titre II relatif à l'accès au barreau. Il paraît donc conforme aux textes de lui dénier tout aspect de réprobation morale. Elle est une simple mesure d'ordre que l'avocat concerné peut d'ailleurs solliciter lui-même. Elle n'a *a fortiori* aucun caractère pénal, ce que précise la Cour de cassation.

L'omission peut aussi intervenir d'office, sur décision du conseil de l'ordre, ou à la demande du procureur général. En pareils cas et pour d'élémentaires raisons de respect du contradictoire, l'intéressé est entendu ou appelé avec préavis d'au moins 8 jours.

L'avocat omis ne cesse pas d'appartenir à l'ordre ; il reste donc tenu d'une obligation générale de probité, d'honneur et de délicatesse, mais il ne peut plus exercer et il ne peut non plus faire état de son titre. Il ne peut se faire inscrire dans un autre barreau. Sa réinscription n'est possible que dans son propre barreau, à tout moment, sur décision du conseil de l'ordre après vérification que la situation qui avait causé l'omission a cessé d'exister. Les décisions d'omission ou de réinscription obéissent aux mêmes règles de procédure que les décisions d'inscription. Elles donnent lieu aux mêmes voies de recours.

II – L'admonestation « paternelle »

Le bâtonnier peut délivrer à un avocat une admonestation que la tradition qualifie de « paternelle ». La mesure répond ici à la commission d'une faute, mais celle-ci est trop vénielle pour justifier l'introduction d'une procédure disciplinaire et *a fortiori* le prononcé d'une peine. En délivrant cette réprimande, le bâtonnier assume son rôle de pédagogue puisqu'il marque l'erreur de comportement qui a été commise, mais sans y attacher d'autre conséquence que d'inviter à ne plus la renouveler.

Un arrêt de la Cour de cassation rendu en mai 2008 en marque toutefois les limites. Si le bâtonnier décide que son admonestation sera versée au dossier de l'avocat, elle devient « une véritable sanction faisant grief » et l'avocat destinataire est recevable à former un recours d'autant plus voué au succès que, pour la Cour, « le bâtonnier, dans le silence des textes, ne dispose pas du pouvoir d'infliger à un avocat une admonestation dès lors qu'elle est inscrite au dossier individuel ». En d'autres termes, le bâtonnier peut tancer un avocat, mais à la condition qu'il n'en reste aucune trace, ce que confirme un arrêt de mai 2012 !

Section 2
Le contentieux disciplinaire

Le contrôle disciplinaire de l'ordre intervient lorsque l'avocat manque à son serment. Les textes ne sont pas ici d'une parfaite cohérence. En exigeant que les poursuites citent les références aux dispositions législatives ou réglementaires réprimant les manquements professionnels reprochés, l'article D. 192 donne à penser que l'avocat ne répond disciplinairement que d'entorses à des règles professionnelles écrites. L'art. D. 183 est cependant beaucoup plus large : l'avocat encourt les foudres du conseil de discipline non seulement pour toute contravention aux lois et règlements, mais plus généralement pour toute infraction aux règles professionnelles ou encore pour tout manquement à la probité, à l'honneur ou à la délicatesse, même se rapportant à des faits extraprofessionnels. Par sa place et sa précision, ce texte l'emporte nécessairement ; il ne fait au demeurant qu'emprunter au contenu du serment, ce qui permet de fonder les poursuites sur l'article 3 de la loi à défaut de texte plus spécifique.

L'intention frauduleuse n'est pas requise ; une négligence caractérisée peut suffire : ainsi conserver par-devers soi des fonds CARPA pendant 18 mois.

Les infractions disciplinaires sont évidemment le fait de personnes physiques, mais les sociétés d'exercice professionnel, telles SCP et SEL, peuvent être poursuivies disciplinairement pour la faute d'un de leurs associés. Les textes imposent seulement que l'associé fautif soit lui aussi personnellement poursuivi (*D.*, 20 juill. 1992, art. 51 s. ; *D.*, 25 mars 1993, art. 27 s.).

Aucun texte ne règle la prescription des poursuites, signe sans doute que les plaignants sont prompts à se manifester. On considérait jadis que l'action disciplinaire demeurait imprescriptible et c'est toujours l'opinion du bâtonnier Damien qui avance le caractère « familial » de la responsabilité disciplinaire. Statuant à propos des vétérinaires, le Conseil constitutionnel a considéré en 2011 que l'imprescriptibilité ne heurtait pas les principes fondamentaux reconnus par les lois de la République, le principe de proportionnalité des peines imposant seulement de tenir compte du laps de temps écoulé entre les faits et la condamnation. La Conférence des bâtonniers voudrait qu'un texte vienne expressément prévoir la prescription ; elle a proposé que les contraventions aux lois et règlements et les infractions aux règles professionnelles se prescrivent par trois ans, tandis que les manquements à l'honneur et à la probité se prescriraient par dix ans. La proposition est en cohérence avec l'évolution de l'action disciplinaire qui, sous l'influence de la CEDH, prend de plus en plus l'allure d'un véritable procès devant un tribunal indépendant et impartial. On notera que depuis longtemps déjà la poursuite disciplinaire se prescrit par 30 ans pour les officiers ministériels (Ord. 28 juin 1945, art. 47). On examinera tour à tour les procédures (I) et les mesures (II) disciplinaires.

I – Les procédures disciplinaires

A – La procédure de droit commun

1 – Les organes compétents

Jusqu'à la réforme du 11 février 2004, la loi du 31 décembre 1971 réservait au conseil de l'ordre « siégeant comme conseil de discipline » la poursuite et la répression des infractions et fautes commises par les avocats membres du barreau, qu'ils soient stagiaires, inscrits ou honoraires. L'avocat relevait ainsi toujours territorialement de son propre conseil sans possibilité de déférer l'affaire à un conseil limitrophe. Cette situation suscitait deux critiques contraires : beaucoup de particuliers y voyaient une juridiction par nature acquise à l'avocat, mais à l'inverse certains avocats y voyaient au contraire un moyen trop facile pour leurs juges « et néanmoins confrères » de se débarrasser de concurrents gênants, ce que soulignait la prolifération de demandes de récusation ou même de requêtes en suspicion légitime. Comme plus fondamentalement il était aussi reproché à la procédure disciplinaire de ne pas respecter les principes issus de la Convention européenne des droits de l'homme, la loi du 11 février 2004 a préféré dessaisir les conseils de l'ordre au bénéfice de conseils de discipline institués régionalement par ressort de cour d'appel.

Ces conseils sont composés de représentants des conseils de l'ordre du ressort proportionnellement à l'importance numérique de chaque barreau. Aucun conseil de l'ordre ne peut désigner plus de la moitié des membres du conseil de discipline et chaque conseil a au moins un représentant. Peuvent être désignés les anciens bâtonniers, les membres du conseil de l'ordre autres que le bâtonnier en exercice, enfin les anciens membres du conseil de l'ordre ayant quitté leur fonction depuis moins de 8 ans. Les délibérations des conseils de l'ordre désignant leur(s) représentants(s) au conseil de discipline peuvent être déférées à la cour d'appel.

Le conseil de discipline élit un président et siège en formation d'au moins cinq membres délibérant en nombre impair. Si le nombre d'avocats du ressort dépasse 500, le conseil de discipline peut constituer plusieurs formations. Mais une formation restreinte peut toujours décider de renvoyer une affaire à la formation plénière.

Entrée en application par l'effet du décret du 24 mai 2005, la réforme ne supprime cependant pas pour autant toute intervention des conseils de l'ordre en matière disciplinaire. Ces derniers restent compétents pour l'instruction des dossiers d'une part et le prononcé de la suspension provisoire d'autre part. En outre, et compte tenu du nombre de ses membres, le barreau de Paris n'est pas touché par la réforme ; l'anonymat y est de règle : son conseil de l'ordre garde la plénitude de sa compétence disciplinaire.

Globalement il reste donc vrai de dire que l'avocat est jugé par ses pairs, au moins au premier degré. L'organe disciplinaire est également compétent à l'égard des anciens avocats lorsque les faits reprochés ont été commis au temps de leur activité. L'avocat ne peut en effet en donnant sa démission nier la compétence de la juridiction ordinale, laquelle trouve sa source dans le manquement lui-même, commis par hypothèse à une date où son auteur était encore membre du barreau.

Lorsqu'il y a poursuite d'une société, celle-ci se fait devant l'instance dont relève le siège social, tandis que l'associé personnellement impliqué est poursuivi devant l'instance compétente pour son propre barreau. Le conseil du siège social ne peut cependant sanctionner la société sans prendre l'avis du ou des conseils dont relèvent les associés poursuivis.

Les confrères des États membres de l'Union européenne, prestataires occasionnels d'un service en France et soumis « aussi » à la déontologie française pour leur activité en France, relèvent pour tout manquement au titre de cette activité de la juridiction disciplinaire française (art. D. 202-3). Force est de retenir ici le conseil de discipline du lieu du manquement. C'est le seul cas où un avocat n'a pas à répondre devant ses juges naturels, lesquels sont seulement invités à communiquer les renseignements professionnels désirables en échange de quoi ils sont tenus au courant de la décision prise.

Au second degré, c'est la cour d'appel qui devient compétente : l'avocat est alors nécessairement et exclusivement jugé par des magistrats professionnels.

2 – Les règles de procédure

La procédure disciplinaire débute généralement par une plainte indifféremment transmise au gré du plaignant au bâtonnier ou au procureur général ; dans ce dernier cas celui-ci avise le bâtonnier qui procède lui-même ou par rapporteur à une enquête dite « déontologique ». Le bâtonnier peut aussi de sa propre initiative procéder à cette enquête (art. D. 187). Évidemment si le bâtonnier est en cause, c'est le plus ancien bâtonnier membre du conseil de l'ordre qui hérite de ses attributions (art. D. 187, *in fine*). Justifiée par la plainte reçue, cette enquête constitue pour le bâtonnier un « impérieux devoir » ; si le confrère ne peut être joint et n'a pas même de téléphone, elle autorise par exemple une visite et des contrôles au cabinet, seule manière de vérifier la réalité de son fonctionnement. Contrairement à l'instruction du dossier qui sera évoquée ci-après, cette enquête n'est soumise à aucune forme et n'a pas besoin d'être contradictoire.

À la clôture de l'enquête, le bâtonnier a le choix, à charge d'en aviser le plaignant et le procureur général, soit de classer l'affaire, purement et simplement ou en délivrant une *admonestation paternelle*, soit de poursuivre. Il est à noter que l'action disciplinaire est indépendante de l'action pénale ; la décision répressive ne lie pas l'instance disciplinaire quant à la qualification des faits, mais seulement quant à leur matérialité.

La poursuite est initiée devant le conseil de discipline, saisi par le bâtonnier ou par le procureur général ; la saisine d'office n'est plus possible (art. L. 23). Tenu avisé, le conseil de l'ordre doit alors procéder à l'instruction du dossier, ce qu'il fait par un rapporteur qu'il désigne. L'instruction doit être contradictoire et s'achève dans les quatre mois au plus tard (sauf prorogation dans la limite de deux mois par décision motivée du président du conseil de discipline) par un rapport transmis au conseil de discipline et à la partie poursuivante ; pour la Cour de cassation, le rapporteur doit instruire l'affaire de manière « objective et impartiale » sans fournir la moindre conclusion dans un sens ou dans l'autre ; s'il donne par exemple son assentiment aux poursuites, il laisse douter de son impartialité, ce qui justifie la nullité du rapport. Aucune peine disciplinaire ou mesure de suspension provisoire ne peut être prononcée sans que l'avocat mis en cause ait été entendu ou appelé au moins huit jours à l'avance. Quoique la matière disciplinaire soit civile et non pénale au sens de la Convention européenne des droits de l'homme, c'est la procédure pénale qui inspire l'évolution de la procédure disciplinaire. L'avocat est convoqué par LRAR ou de préférence citation d'huissier comprenant à peine de nullité l'indication précise des faits poursuivis, la référence des dispositions législatives ou réglementaires réprimant les manquements professionnels reprochés ainsi le cas échéant qu'une mention relative à la révocation du sursis. L'avocat comparaît en personne, en robe sauf s'il a été précédemment omis, suspendu provisoirement ou interdit temporairement ; il ne peut se faire représenter, mais il peut être assisté d'un avocat ; il a toujours la parole en dernier. Le procureur général est présent ou représenté, mais il ne prend la parole que s'il est autorité de poursuite.

Intégrant les exigences de la Convention européenne, la Cour de cassation depuis 1999 a institué une séparation étanche entre les autorités d'instruction et de poursuite d'une part et les autorités de jugement d'autre part, interdisant que le rapporteur qui a instruit l'affaire et le bâtonnier qui poursuit puissent siéger au conseil de discipline et participer au délibéré ; la réforme consacre cette jurisprudence.

De même la publicité des débats, déjà acquise en jurisprudence, est elle-même consacrée sous réserve d'une demande contraire de l'une des parties ou du nécessaire respect de l'intimité de la vie privée.

Le conseil statue par décision motivée notifiée dans les huit jours de son prononcé à l'avocat, au bâtonnier et au procureur général qui peuvent en relever appel dans les conditions ordinaires prévues par l'article 16 du décret. L'ordre dont émane l'avocat ne peut être partie à l'instance, mais le bâtonnier, s'il est à l'origine des poursuites, est intimé sur l'appel de l'avocat. La procédure devant la cour doit être contradictoire ; l'avocat poursuivi doit donc recevoir avant l'audience les réquisitions écrites du parquet ou les conclusions du bâtonnier. La cour ne peut, sur le seul appel de l'avocat poursuivi, aggraver sa condamnation ; il faut un appel incident de l'autorité de poursuite.

Il est important de relever que même avec l'entrée en vigueur de la réforme, le plaignant lui-même ne dispose toujours pas du droit de recours ; il n'est d'ailleurs informé de la décision rendue que lorsque celle-ci est passée en force de chose jugée. Ces solutions peuvent surprendre le profane. On répond usuellement à cela que pas plus que la victime ne dispose de l'action publique, le plaignant ne doit disposer de l'action disciplinaire, les droits reconnus au procureur général suffisant à garantir la préservation de ses intérêts et l'objectivité de la procédure. La rançon en est la tendance des plaideurs à saisir directement le juge de droit commun dont la Cour de cassation a déjà admis l'intervention, pour régler des problèmes déontologiques entre avocats, en cas de carence des autorités ordinales. Le rapport Darrois ayant préconisé de renforcer le rôle du plaignant dans la procédure disciplinaire, une réforme pourrait intervenir ; selon les variantes envisagées, elle pourrait permettre ou imposer au rapporteur d'auditionner le plaignant et à celui-ci d'assister ou de se faire représenter par avocat à tout ou partie de l'audience. Il demeurerait cependant que le plaignant ne serait toujours pas partie au procès disciplinaire et ne disposerait d'aucun recours.

Si dans les huit mois de sa saisine, l'instance disciplinaire n'a pas statué au fond ou par décision avant dire droit, la demande est réputée rejetée et l'autorité qui a engagé l'action peut saisir la cour d'appel. Mais lorsque l'affaire n'est pas en état d'être jugée ou lorsqu'une demande de renvoi motivée est présentée par l'une des parties, l'instance disciplinaire peut proroger dans la limite de quatre mois supplémentaires ce délai initial de 8 mois (art. D. 195).

B – La procédure des délits d'audience

Dans la tension de l'audience, des incidents peuvent éclater qui conduisent la juridiction à estimer, à tort ou à raison, qu'un avocat a commis à l'audience un manquement aux obligations que lui impose son serment. Jusqu'en 1982, la juridiction pouvait elle-même se saisir et sanctionner disciplinairement l'avocat. La situation était évidemment critiquable, surtout si se considérant victime du manquement le juge devenait lui-même partie. Une importante réforme a donc été décidée à l'initiative du garde des Sceaux, ancien avocat, M. Robert Badinter. Désormais la loi du 15 juin 1982 impose à la juridiction qui estime qu'un manquement a été commis de s'adresser au procureur général.

Celui-ci apprécie s'il doit saisir le conseil de discipline dont relève l'avocat. On retrouve donc ici la juridiction naturelle des pairs. Par dérogation à la procédure de droit commun le conseil n'a que quinze jours (art. L. 25) et non pas huit mois pour statuer (art. D. 195). Au-delà son silence vaut refus de prononcer une peine et le procureur général peut relever appel devant la cour. Celle-ci ne peut statuer sans avoir invité le bâtonnier ou son représentant à présenter ses observations.

Preuve supplémentaire du renvoi au juge naturel, la loi envisage le cas d'un manquement commis outremer par un avocat métropolitain ou en métropole par un avocat d'un barreau d'outremer. Le délai de quinze jours est alors augmenté d'un mois.

Il va de soi évidemment qu'en raison de la distinction de l'action disciplinaire et de l'action pénale, la compétence ordinale recouvrée au plan disciplinaire n'exclut pas la compétence de la juridiction correctionnelle si le manquement commis par l'avocat est aussi constitutif d'un outrage à magistrat, délit prévu et réprimé par l'article 434-24 du nouveau Code pénal ; même en ce cas cependant le magistrat outragé ne peut évidemment siéger.

II – Les sanctions disciplinaires

Indépendamment des sanctions encourues au titre des lois sur la procédure (art. L. 25-1) ou de l'admonestation paternelle du bâtonnier qui n'est pas une sanction disciplinaire, l'avocat encourt directement des peines disciplinaires véritables que peuvent précéder des mesures de suspension provisoire.

A – La suspension provisoire

L'article 24 de la loi permet au conseil de l'ordre, à la demande du procureur général ou du bâtonnier, de suspendre provisoirement de ses fonctions l'avocat qui fait l'objet d'une poursuite pénale ou disciplinaire, lorsque l'urgence ou la protection du public l'exige. Cette suspension qui ne peut excéder une durée de 4 mois, renouvelable, peut intervenir à tout moment de la poursuite et notamment dès une mise en examen par le magistrat instructeur ; réagissant contre la jurisprudence de la Cour de cassation, la loi du 15 juin 2000 affirme la compétence exclusive du conseil de l'ordre, en sorte que le juge d'instruction ne peut plus utiliser l'article 138-12 C. pr. pén. pour interdire lui-même à un avocat placé sous contrôle judiciaire l'exercice de sa profession ; il doit saisir de sa demande le conseil de l'ordre. En ce cas, comme en cas de demande émanant du procureur général, le conseil a un mois pour statuer, à défaut de quoi selon une méthode déjà rencontrée son silence vaut refus et autorise le parquet général à saisir la cour.

Un appel de l'avocat ou du procureur général, selon le cas, est toujours possible. Mais l'appel de l'avocat contre la décision le suspendant provisoirement n'est pas suspensif (art. D. 199).

Cette suspension provisoire n'est rien d'autre qu'une interdiction temporaire d'exercice professionnel. Le cabinet est confié par le bâtonnier à un ou plusieurs administrateurs provisoires qui remplacent l'avocat dans ses fonctions. L'administrateur perçoit à son profit la rémunération des actes qu'il diligente et paie à concurrence de cette rémunération les charges de fonctionnement du cabinet. La suspension provisoire et, avec elle, l'administration provisoire cessent de plein droit dès que les actions pénale et disciplinaire sont éteintes, mais le conseil de l'ordre peut y mettre fin plus tôt, sur requête de l'intéressé ou à la demande du bâtonnier ou à celle du parquet général, à charge d'appel toujours. Ce pouvoir lui est reconnu même lorsque la suspension provisoire a été prononcée dans le cadre d'un contrôle judiciaire ; censurant un arrêt de la cour de Paris qui avait considéré, par lecture littérale de la loi du 15 juin 2000, que le juge d'instruction pouvait seul lever l'interdiction au titre de l'article 139, § 2 C. pr. pén., la Cour de cassation a affirmé en 2002 le monopole du conseil pour « mettre fin » à la mesure de suspension. Le seul cas où le conseil n'est pas compétent est celui où la suspension a été ordonnée en appel par la cour qui, en ce cas, « reste compétente » (art. L. 24).

B – Les peines disciplinaires *stricto sensu*

Le décret énumère quatre peines disciplinaires par ordre croissant d'importance : l'avertissement, le blâme, l'interdiction temporaire d'un maximum de trois années, la radiation enfin (dont le substitut pour un avocat honoraire est le retrait de l'honorariat). À titre de sanction accessoire, le conseil peut ordonner la publicité de la peine. Les trois premières sanctions peuvent être également assorties d'une autre peine accessoire :

la privation du droit pendant 10 ans au maximum de faire partie du conseil de l'ordre, du CNB ou des autres organismes ou conseils professionnels ou d'accéder aux fonctions de bâtonnier.

L'interdiction temporaire prend effet dès que la décision qui la prononce est passée en force de chose jugée, donc dès qu'elle n'est plus susceptible d'un recours suspensif d'exécution. Tout en restant soumis à la déontologie et à la discipline du barreau, l'avocat interdit temporaire doit s'abstenir de tout acte professionnel ; il ne peut en aucune circonstance exciper de sa qualité d'avocat et ne peut plus participer à l'activité des organismes professionnels auxquels il appartient. Son cabinet est confié à un ou plusieurs administrateurs provisoires pour le temps exact de l'interdiction comme en matière de suspension provisoire, mais la durée de celle-ci ne peut s'imputer sur la durée de celle-là.

L'interdiction temporaire peut être assortie du sursis qui ne s'étend pas aux mesures accessoires de publicité ou d'inéligibilité au conseil de l'ordre. Si dans le délai de cinq ans à compter du prononcé de la peine, l'avocat commet un manquement nouveau justifiant une nouvelle sanction disciplinaire, celle-ci entraîne sauf décision motivée l'exécution de la première peine sans confusion avec la seconde.

La radiation interdit définitivement l'exercice de la profession, tant dans le barreau d'origine que dans tout autre barreau (art. D. 184). Elle conduit aussi à désignation d'un ou plusieurs administrateurs provisoires, mais ici jusqu'à ce qu'il y soit mis fin par le bâtonnier.

Les avocats des États de l'Union européenne inscrits en France encourent les mêmes peines que leurs confrères français, mais l'interdiction temporaire et la radiation sont remplacées par nécessité par une simple interdiction, provisoire ou définitive, d'exercice en France (art. D. 202-3).

Le parquet général a mission de veiller à l'exécution des peines (art. D. 199).

L'amnistie pénale n'efface pas sauf disposition expresse contraire les sanctions disciplinaires. La réhabilitation pénale peut en revanche permettre à l'avocat radié de solliciter sa réinscription, mais le conseil de l'ordre reste libre d'apprécier si l'intéressé rapporte ou non la preuve de son amendement.

Lire aussi :

- « Le cahier de l'ordinalité : la discipline des avocats », in *Le journal des bâtonniers et des ordres*, n° 13, mai-sept. 2012 (Publication de la Conférence nationale des bâtonniers).

Chapitre 2

Les sanctions externes

L'avocat n'est pas seulement soumis à la justice disciplinaire de ses pairs. Ses fautes professionnelles peuvent lui être directement reprochées devant les juridictions judiciaires indépendamment de toute incidence disciplinaire. Il se peut en effet que le manquement commis engage la responsabilité pénale de l'avocat (section 1) ou soit source d'une responsabilité civile (section 2). En l'un et l'autre cas, la responsabilité engagée est individuelle, même si l'avocat exerce au sein d'une structure de groupe.

Section 1

La responsabilité pénale

Tout manquement au serment n'est pas forcément constitutif d'une infraction pénale : aucun texte par ex. n'incrimine pénalement le refus de l'avocat de déférer à une commission d'office. C'est en réalité de façon exceptionnelle et parce que le délit pénal est un délit nommé, que l'avocat peut être à la fois infidèle à son serment et délinquant. Mais la liste de ces exceptions est suffisamment fournie, d'autant qu'il faut ajouter aux délits dont l'avocat peut être auteur principal tous ceux dont il peut être coauteur ou complice.

Trois exemples d'infractions reprochées aux avocats sont à cet égard malheureusement classiques :

1) la violation du secret professionnel, réprimée par l'article 226-13 du nouveau Code pénal ;

2) l'abus de confiance, réprimé par l'article 314-1 du même code ; on pense ici au détournement des fonds CARPA ;

3) la remise illégale d'objet à un détenu, réprimée par l'article 434-35 du même code qui aggrave la peine lorsque le coupable est habilité par ses fonctions à pénétrer dans un établissement pénitentiaire ou à approcher les détenus, ce qui vise notamment l'avocat.

Cette liste n'est évidemment pas limitative. C'est ici le lieu de rappeler que l'avocat n'échappe pas à diverses incriminations susceptibles de résulter de ses propos : 1) la diffamation puisque l'avocat ne peut bénéficier de l'immunité de l'article 41 de la loi du 29 juillet 1881 qu'aux strictes conditions prévues par la jurisprudence et à la condition que les paroles diffamatoires aient été prononcées dans le prétoire et au cours des débats ; 2) l'outrage à magistrat ou le discrédit porté à la justice, délits prévus par les articles 434-24 et 434-25 du Code pénal.

Une réponse ministérielle a également rappelé en 1996 pour les avocats élus publics qu'il y aurait délit de prise illégale d'intérêts (art. L. 432.12 C. pén.) à accepter de plaider pour le compte de la collectivité locale qu'ils administrent.

On signalera encore le nouvel article 434-7-2 du Code pénal, issu de la loi du 9 mars 2004 corrigée en décembre 2005, qui incrimine le fait pour toute personne qui, du fait de ses fonctions, ayant connaissance en application du Code de procédure pénale d'informations issues d'une enquête ou d'une information en cours, révèle « sciemment » ces informations à des personnes qu'elle sait susceptibles d'être impliquées pénalement, lorsque cette révélation est réalisée dans le dessein d'entraver le déroulement des investigations ou la manifestation de la vérité. Quoique l'incrimination soit posée sans préjudice du respect des droits de la défense, la première version du texte qui réprimait toute révélation directe ou indirecte et simplement « de nature à entraver » le cours de l'enquête avait singulièrement ému le barreau et révélé sa délicate articulation avec l'exercice professionnel.

Section 2
La responsabilité civile

Ses liens avec le contentieux déontologique sont plus diffus. L'avocat peut en effet se voir reprocher par son client des manquements de nature fort différente : les uns techniques, les autres éthiques. Il va de soi que tout oubli d'un délai ou d'une mention obligatoire peut entraîner la responsabilité civile de l'avocat, mais pas forcément un reproche disciplinaire. Pour l'avocat comme pour tout autre, l'erreur est humaine et ne traduit pas par elle-même le mépris du serment. Mais un manquement déontologique peut constituer une faute civile et être la source d'un préjudice pour la personne qui en est victime : préjudice moral déjà, préjudice financier également si par ex. l'avocat dissipe les fonds de son client ou les remet à quelqu'un d'autre qui les détourne ou encore si l'avocat omet de prévenir son client en temps utile qu'il se décharge du dossier.

On examinera d'abord les conditions de la responsabilité civile de l'avocat (I), avant d'étudier sa mise en œuvre (II).

I – Conditions de la responsabilité

Celle-ci suppose très classiquement une faute (A) génératrice d'un préjudice (B).

A – La faute

La négligence de l'avocat suffit à le rendre responsable aux termes de l'article 27 § 1, de la loi du 31 décembre 1971. On peut aller plus loin : toute faute, même légère, suffit à engager sa responsabilité envers son client ou un tiers. On dit quelquefois, pour expliquer cette constatation, que la responsabilité de l'avocat est calquée sur celle du mandataire salarié que le code traite plus sévèrement que le mandataire gracieux (art. 1992 C. civ.). L'explication n'est pas parfaitement exacte ; que l'avocat fasse rémunérer ses services ou qu'il les offre, qu'il perçoive ou non les honoraires qu'il a demandés, il doit toujours veiller scrupuleusement à la parfaite rectitude de son comportement. La règle s'explique en réalité par la seule qualité de professionnel et elle bénéficie aux tiers autant qu'aux clients alors que les tiers par définition ne rémunèrent pas l'avocat.

Sur le terrain du devoir de conseil, la responsabilité civile de l'avocat a pu ainsi être retenue pour n'avoir pas rappelé à son client les modalités d'appel ou pour ne pas lui avoir rappelé qu'à défaut de délier un VRP licencié d'une clause de non-concurrence, une indemnité lui serait due. La Cour de cassation a surtout rappelé qu'en application des articles 1147 C. civ. et 412 C. pr. civ., l'avocat était tenu de conseiller son client même si celui-ci était *rompu aux affaires* ou doté de services juridiques. L'avocat ne peut donc suivre aveuglément les *instructions* qu'on prétend lui donner.

Sur le terrain du devoir de prudence, la responsabilité civile de l'avocat a été par exemple engagée pour avoir fait signifier un jugement ou avoir transigé sans l'accord préalable du client. Un simple postulant, laissé sans instructions par le *dominus litis*, est responsable de ne pas prendre les conclusions conservatoires que requièrent les intérêts du client. Inversement le *dominus litis* engage sa responsabilité en se désintéressant totalement du bon déroulement de la procédure qu'il a confiée au confrère ou à l'avoué titulaire d'un monopole de représentation.

Sur le terrain du devoir de diligence, la responsabilité civile de l'avocat a encore été consacrée pour avoir laissé passer les délais, ne pas s'être présenté à l'audience, avoir omis de transmettre le dossier à l'avoué à la cour, n'avoir pas renouvelé une inscription d'hypothèque conventionnelle prise par un notaire alors qu'en raison du procès il était devenu porteur de la copie exécutoire et des bordereaux initiaux... La jurisprudence ajoute que l'avocat ne peut être passif ; il doit faire preuve de curiosité « et recueillir de sa propre initiative auprès de ses clients l'ensemble des éléments d'information et les documents propres à lui permettre d'assurer, au mieux, la défense de leurs intérêts ».

Le développement de l'activité juridique étend pour les avocats les risques de mise en jeu de leur responsabilité civile : tout comme les premières saisies immobilières se sont révélées délicates après 1972 pour les avocats qui n'étaient pas anciens avoués, les cessions ou promesses de cession de fonds de commerce ou d'actions peuvent être pour les avocats non anciens conseils juridiques de véritables nids à difficultés. Et la hauteur des rémunérations réclamées justifie de la part des juges une vigilance particulière. En tant que rédacteur d'actes, l'avocat est tenu comme le notaire d'assurer l'efficacité juridique et la validité de l'acte qui lui est confié, même s'il n'en est pas l'initiateur et si les parties sont assistées d'autres conseils ; il doit ainsi vérifier l'identité et la capacité des parties, la validité des procurations, la licéité et la qualification de l'acte... lire les journaux d'annonces légales, vérifier la solvabilité de l'acquéreur, mettre en garde contre le défaut de garantie..., veiller à l'équilibre des intérêts en présence quand bien même, requis de rédiger un modèle par l'une des parties il n'aurait jamais rencontré l'autre... Et quand bien même encore les parties seraient pressées de signer et qu'il serait matériellement impossible de vérifier des annexes communiquées tardivement, l'avocat doit alors attirer l'attention des clients sur les risques encourus, proposer des mesures devant les garantir de toute erreur imprévue, à défaut formuler toutes réserves. La méconnaissance du régime fiscal des actes rédigés peut être elle-même la source d'une responsabilité envers le client et d'une responsabilité spécifique envers l'administration fiscale fondée à réclamer au président du tribunal de grande instance qu'il déclare l'avocat solidairement responsable des impôts non réglés, si celui-ci peut être considéré comme dirigeant de fait de l'entreprise débitrice et auteur d'une inobservation grave et répétée des obligations fiscales (art. L. 267 LPF).

Quel que soit son domaine d'intervention, l'avocat est réputé connaître parfaitement le droit positif existant ; si on ne peut lui imputer à faute de n'avoir pas prévu un revirement de jurisprudence imprévisible, on peut lui reprocher de ne pas tirer parti d'une « évolution jurisprudentielle acquise dont la transposition ou l'extension à la cause dont il a la charge a des chances sérieuses de la faire prospérer ».

B – Le préjudice et le lien de causalité

La faute de l'avocat n'est source de responsabilité que si elle a généré un dommage direct, personnel et certain.

Toute faute de l'avocat n'est pas nécessairement génératrice d'un tel préjudice. L'absence à la barre par exemple peut n'avoir rigoureusement aucune conséquence si le dossier qui a été convenablement préparé parvient effectivement au juge. Elle peut encore n'avoir aucune conséquence si la prétention du client, à l'évidence infondée, ne peut qu'être rejetée.

Deux notions classiques en droit de la responsabilité élargissent cependant les possibilités d'indemnisation. Le client qui rémunère un service qui ne lui est pas rendu, peut tout d'abord se plaindre, au moins à hauteur symbolique, d'un préjudice *moral*. Il peut ensuite faire valoir qu'en ne le faisant pas bénéficier de tous ses efforts, l'avocat ne lui a pas donné la totalité des chances qui devaient normalement lui appartenir. C'est surtout à propos des oublis de procédure que cette notion de la *perte d'une chance* prospère volontiers devant les tribunaux. Ainsi, et puisqu'une réformation est rarement assurée à 100 %, l'avocat qui ne relève pas l'appel demandé par le client lui fait perdre une chance – grande ou petite – d'obtenir la réformation du jugement. Ainsi encore, et puisqu'un relevé de forclusion n'est jamais automatique, l'avocat qui omet de le solliciter, prive son client d'une possibilité de l'obtenir. De même l'avocat qui ne vérifie pas une condition de recevabilité de l'action qu'il introduit, ne lèse son client que dans la mesure où cette action, si elle avait été recevable, aurait été tenue pour fondée. Dans toutes ces situations, il revient au juge de déterminer la mesure de la chance perdue. Il peut d'ailleurs arriver qu'elle soit nulle.

La Cour de cassation précise encore que la perte du bénéfice espéré d'une procédure abusive n'est pas un préjudice indemnisable : un avocat n'est pas responsable de ne pas conseiller une procédure vouée à l'échec ou, à plus forte raison, abusive ; on ne peut d'ailleurs lui reprocher de ne pas soutenir un moyen inopérant.

La Cour de cassation tient en revanche pour certain le dommage subi par un créancier par la faute de son avocat qui a oublié de signifier le jugement réputé contradictoire condamnant le débiteur, provoquant la caducité de cette décision, alors même qu'une nouvelle action en justice pouvait permettre de rattraper la situation : il y a bien en ce cas perte actuelle et certaine d'une chance de recouvrement de la créance.

II – Mise en œuvre de la responsabilité

On évoquera tour à tour la prescription du droit à réparation (A), puis les modalités de l'action (B).

A – La prescription du droit à réparation

Certains plaideurs mettent très tôt en cause la responsabilité de leur avocat. La Cour de cassation les y encourage, en recevant des actions introduites avant même que le demandeur ait épuisé ses recours normaux contre la décision qui lui fait grief. Mais d'autres fois, c'est la lenteur qui prévaut et l'avocat peut alors invoquer la prescription.

Avant la réforme du 17 juin 2008, la prescription était de 10 ans à compter de la cessation de la mission (ancien art. 2277-1 C. civ.), hormis s'il était reproché à l'avocat la perte d'une pièce du dossier, auquel cas elle était de 5 ans (ancien art. 2276 C. civ.). Depuis cette réforme, la prescription est uniformément de 5 ans (art. 2225 nouveau).

Le texte pose les mêmes problèmes d'interprétation que l'ancien article 2277-1. Il ne traite en effet que de la responsabilité encourue à raison d'une mission de représentation ou d'assistance *en justice*. Que décider donc si la responsabilité de l'avocat est recherchée à raison d'une consultation ou de la rédaction d'un acte ? Littéralement le texte n'en parle pas, ce qui ramène à la prescription du droit commun, aujourd'hui 5 ans « à compter du jour où le titulaire du droit a connu ou aurait dû connaître les faits lui permettant de l'exercer » (art. 2224 nouveau). C'est donc uniquement le point de départ des 5 ans qui diffère selon que l'avocat est recherché pour son activité judiciaire ou extrajudiciaire.

On soulignera de plus que disparaît en cette dernière matière la distorsion qui régnait avant la réforme de 2008 suivant que la responsabilité de l'avocat-conseil ou rédacteur d'acte était recherchée délictuellement par un tiers ou contractuellement par son client, ce qui avait conduit Raymond Martin à suggérer, par analogie avec certains jeux de jurisprudence dans le domaine de la responsabilité des locateurs d'ouvrage, que, quoiqu'issue d'un contrat, la responsabilité de l'avocat à l'égard du client était toujours quasi délictuelle, car le contenu des obligations nées de ce contrat ne résultait pas d'un accord de volontés, mais de dispositions légales et réglementaires fortement teintées d'ordre public.

B – Les modalités de l'action

L'article 26 de la loi du 31 décembre 1971 précise que les instances en responsabilité civile contre les avocats suivent les règles ordinaires de procédure.

Le droit commun gouverne sans nuances la compétence d'attribution : selon le montant réclamé, le demandeur saisira le tribunal d'instance ou le tribunal de grande instance ; en aucun cas l'action ne peut être de la compétence du bâtonnier lorsqu'il est amené à trancher une contestation d'honoraires.

Le droit commun commande aussi la compétence territoriale : usuellement le tribunal du domicile professionnel de l'avocat défendeur à l'action. Mais une règle particulière peut éviter à l'avocat une publicité fâcheuse dans son ressort, tandis qu'elle évite surtout aux magistrats qu'il côtoie de le juger : l'action peut, à l'initiative du demandeur ou à celle de l'avocat, être exercée ou renvoyée devant une juridiction limitrophe (art. 47 C. pr. civ.) ; le texte ne joue pas pour un avocat honoraire.

En demande l'action est généralement formée par le client insatisfait ou le tiers mécontent ; mais elle peut être le fait des héritiers ou du représentant légal. En défense c'est l'avocat qui est partie au litige et, souvent avec lui, son assureur responsabilité civile contre qui le demandeur a une action directe. Si l'avocat en faute est un avocat salarié ou collaborateur, la victime peut assigner l'avocat employeur ou « patron » comme civilement responsable. De même, si l'avocat fautif est un associé de SCP ou de SEL, le plaignant peut assigner cet avocat ou la société elle-même comme solidairement responsable ou les deux ensemble. Rien n'empêche non plus d'imaginer un concours de fautes : avocat plaidant et avocat postulant par exemple ou encore avocat et huissier, poursuivis en condamnation *in solidum* pour un abus des mesures d'exécution.

Le demandeur a la triple charge de la preuve de la faute commise, du préjudice subi et de la relation de causalité entre la faute et le préjudice. Classiquement tous moyens de preuve sont possibles ; le demandeur peut profiter d'un jugement pénal qui a autorité de chose jugée ou d'une décision disciplinaire qui, sans lier le juge civil, apporte au moins un éclairage ; il profite aussi souvent de la loyauté de l'avocat qui s'honore à reconnaître sa faute, lorsque celle-ci est réelle.

Le poids de la preuve dépend en théorie de la nature de l'obligation contractée : s'agit-il d'une obligation de résultat ? Le demandeur n'a au fond qu'à faire la preuve facile de l'inexistence du résultat : par ex. l'inscription n'a pas été prise, l'appel n'a pas été relevé. S'agit-il d'une obligation de moyen ? La diligence du débiteur est présumée et le demandeur doit alors établir positivement la faute : par ex. telle jurisprudence favorable établie n'a pas été invoquée. Mais le droit positif évolue contre l'avocat : celui-ci a dorénavant la charge de prouver qu'il s'est acquitté de son devoir de conseil et d'information.

Cette preuve peut se faire par tous moyens : l'avocat peut produire ce que les notaires appellent inexactement une décharge de responsabilité, c'est-à-dire un document signé du client et destiné à valoir preuve préconstituée de la dation du conseil. Si l'avocat n'a pas un tel document, peut-il au moins tirer parti des doubles de sa correspondance au client ? La jurisprudence a tenu ce mode de preuve pour suffisant dans une espèce où il y avait plusieurs lettres dont une recommandée avec accusé de réception et où le client de son côté n'avait pas réagi en temps utile.

La véritable décharge de responsabilité, c'est-à-dire la clause qui entendrait exonérer l'avocat de toute responsabilité, n'a rigoureusement aucune valeur. Seule une renonciation consentie *cognita causa* après manifestation du préjudice pourrait mettre l'avocat à l'abri d'un recours.

La condamnation est usuellement subie par l'assureur, puisque l'assurance est obligatoire. Mais l'avocat doit rembourser à l'assureur le montant de la franchise. Il se pourrait aussi qu'il doive indemniser de ses deniers la victime si le sinistre crève la limite de garantie prévue au contrat ou procède d'une activité étrangère à la profession ou prohibée par la réglementation ou d'une faute intentionnelle que la jurisprudence récente tient pour caractérisée en présence de négligences graves accompagnées de fausses informations données au client pour tenter de les dissimuler.

Lire aussi

– Avril Y., *Responsabilité des avocats*, Dalloz Référence, 3e éd., 2014.
– Loyer Ph., « L'avocat et ses responsabilités », in *Le Barreau de France (revue de la Confédération nationale des avocats)*, n° 295, second trim. 1996, p. 13 s.

Index alphabétique

T

U

V

Table des matières

Dans la même collection

L'argumentation juridique, S. Goltzberg
La bioéthique, B. Mathieu
Les collectivités territoriales en France, M. Verpeaux
La common law, A. J. Bullier
Le Conseil constitutionnel, H. Roussillon, P. Esplugas
Le Conseil d'État, D. Latournerie
La Constitution, M. Verpeaux
Le contentieux administratif, J. Viguier
Le contrat. Droit des obligations, J.-L. Aubert, F. Collart Dutilleul
Le contrat de vente, P. le Tourneau
La Cour de cassation, Y. Chartier
La Cour européenne des droits de l'homme, J.-P. Marguénaud
La Cour de justice des Communautés européennes, J. Boudant
Les cours constitutionnelles, L. Favoreu, W. Mastor
La déontologie de l'avocat, J.-J. Taisne
La déontologie du magistrat, J. Joly-Hurard
Le divorce, P. Courbe
Le droit, P. Jestaz
Le droit administratif, P. Delvolvé
Le droit allemand, C. Witz
Le droit américain, A. A. Levasseur
Le droit des brevets, M. Vivant
Le droit chinois, C. Lopez, F. Constant
Le droit commercial, P. Didier
Le droit des cultes, J. Volff
Le droit des étrangers, X. Vandendriessche
Le droit européen des affaires, L. Vogel, J. Vogel
Le droit international public, L.-A. Aledo
Le droit des marchés publics, F. Linditch
Le droit des médias, E. Derieux
Le droit musulman, F.-P. Blanc
Le droit des outre-mers, J.-P. Thiellay
Le droit pénal, M.-L. Rassat
Le droit des personnes, T. Garé
Le droit russe, B. Dutoit

PEFC 10-31-1895

716924 - (III) - OSB-A 60g - JOU - EDO
Achevé d'imprimer en août 2018 sur les presses de l'Imprimerie CHIRAT
42540 Saint-Just-la-Pendue
Dépôt légal : juin 2017 - N° 201808.0094

Imprimé en France